Knaur.

*Über den Autor:*

Dr. med. Stefan Frädrich (www.stefan-fraedrich.de) ist Kommunikationstrainer, Coach und freier Dozent. Außerdem führt er sehr erfolgreiche Nichtraucherseminare durch. Seine Trainings-Firmen »Luftfabrik®« (www.luftfabrik.com) und »Pigdog®« (www.pigdog.de) setzen das Didaktik-Konzept von »Luft!« in ihren Seminaren um.

Nach seinem Medizinstudium promovierte Stefan Frädrich mit einer Arbeit zu Persönlichkeitsstörungen von Straftätern und war Arzt in der Uni-Psychiatrie, wo er sich in Verhaltenstherapie und Hypnose fortbildete. Dann machte er eine Ausbildung zum Betriebswirt (IHK) und arbeitete in der Geschäftsführung eines mittelständischen Textilhandels, bevor er sich als Trainer selbständig machte. Auch in seiner Freizeit interessiert sich Stefan Frädrich für die Themen Kommunikation, Management, angewandte Psychologie und Motivation. Er schreibt gerne und tritt gelegentlich als Schauspieler und Moderator auf.

Stefan Frädrich

# Luft!

## Ganz einfach Nichtraucher

Mit Illustrationen
von Timo Wuerz

Knaur Taschenbuch Verlag

Besuchen Sie uns im Internet:
www.knaur.de

Originalausgabe Dezember 2004

Ein Unternehmen der Droemerschen Verlagsanstalt
Th. Knaur Nachf. GmbH & Co. KG, München

Lektorat: Daniel Oertel
Umschlaggestaltung: ZERO Werbeagentur, München
Umschlagabbildung: Timo Wuerz
Satz: Ventura Publisher im Verlag
Druck und Bindung: Clausen & Bosse, Leck
Printed in Germany
ISBN 3-426-77796-7

2 4 5 3

**Achtung: Die Gedanken dieses Buches fügen Ihnen und den Menschen in Ihrer Umgebung erhebliche Gesundheit zu!**

Mein herzlicher Dank gilt vor allem den Teilnehmern meiner Nichtraucherseminare. Ich hoffe, es geht Ihnen gut und Sie genießen Ihr Leben mittlerweile so, wie Sie es sich erwünscht hatten. Unsere gemeinsamen Erfahrungen sind in dieses Buch eingeflossen und können nun anderen dabei helfen, sich aus der Nikotinsucht zu befreien.

# 1. Rauchen Sie?

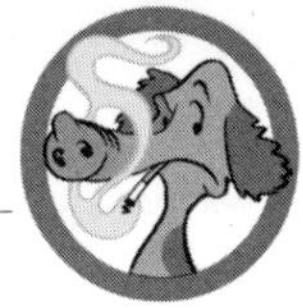

Rauchen Sie? Kein Problem, rauchen Sie erst mal weiter.[1] In 170 Seiten werden Sie ohne Hokuspokus, Psychouqatsch oder Medikamente zum Nichtraucher werden – gut gelaunt, ganz einfach und für immer. Sie werden wieder schön, reich, gesund, sexy, glücklich und frei sein, egal, wie viel und wie lange Sie schon rauchen.

Sie schmunzeln? Na klar. Ich hätte auch geschmunzelt! Früher, als ich noch geraucht habe. Aber ich meine es ernst: Stellen Sie sich einen Augenblick vor, wie schön es wäre, wenn Sie einfach nur ein kleines Buch lesen müssten und danach problemlos mit dem Rauchen aufhören könnten. Wäre das nicht wunderbar? Dieses Wunder können Sie erleben!

Es war einmal ein Raucher. Er rauchte bei jeder Gelegenheit. Besonders gerne rauchte er zum Kaffee, beim Autofahren oder beim Warten. Er rauchte auch gerne nach dem Essen, auf der Toilette oder beim Nachdenken. Am meisten rauchte er, wenn er in der Kneipe oder auf einer Party war. Gesundheitsapostel lachte er aus, und Nichtraucherzonen gingen ihm auf die Nerven. Natürlich wollte er, wie die meisten Raucher, eines Tages mit dem Rauchen aufhören. Nur: Wann war dafür der richtige Zeitpunkt? Mittlerweile rauchte er schon 40 Zigaretten am Tag und hustete jeden Morgen hässliche Gallertbrocken ins Waschbecken. Trotzdem redete er sich ein, dass seine Lungen noch zart und gesund wären. Aufhören wegen ein bisschen Erkältung? Ach was!

1 Falls Sie Ex-Raucher sind und mit dem Gedanken spielen, mit dem Rauchen wieder anzufangen, lesen Sie bitte zuerst dieses Buch.

Und jedes Mal, wenn er das Rauchen wirklich aufhören wollte, war sein Entschluss genauso plötzlich weg, wie er gekommen war. Eines Tages hat es unser Raucher dann doch noch geschafft: Er kam problemlos von den Zigaretten los. Wie das ging, erfahren Sie in diesem Buch. Sie ahnen es bereits: Dieser Raucher war ich.

Klar: Dass das Gequalme nicht gut sein konnte, wusste ich schon damals. Doch ich hatte immer diesen Sprung in der Raucher-Schüssel: »Eigentlich will ich mit dem Rauchen ja aufhören. Aber auf meine Genusszigaretten verzichte ich nicht so gerne. Bevor ich ernsthaft krank werde, höre ich bestimmt auf. Also kann ich jetzt ja weiterrauchen!« Meinen längsten Abstinenzversuch beendete ich so nach qualvollen acht Stunden – meinen kürzesten nach zwei Minuten.[2] Also seien Sie bitte nicht enttäuscht: Ich bin kein Guru mit Zauberkräften und kein großer Gesundheitsexperte,[3] sondern nur ein ganz normaler Ex-Raucher.

Eines Tages habe ich dann begonnen, mich mit dem Thema Rauchen intensiv zu beschäftigen. Und nun passierte etwas Seltsames: Je mehr Informationen ich sammelte, desto leiser wurde das Hin und Her in meinem Kopf. Und als ich schließlich mit dem Quatsch wirklich aufhörte, fiel mir das Nichtrauchen von Anfang an leicht. Es war viel einfacher, als ich es mir je vorgestellt hatte! Und mir dämmerte ziemlich schnell: Es war eine der besten Entscheidungen meines Lebens.

Seit mein Groschen gefallen ist, hüpfe ich so leidenschaftlich in meinen Nichtraucherseminaren herum, dass mir mancher Psy-

2 Einmal habe ich wegen einer Blinddarmoperation sogar ganze vier Tage nicht geraucht – und es ist mir erstaunlich leicht gefallen.

3 Mein Hang zum Spirituellen und Übersinnlichen ist eher unterentwickelt. Und wenn es um gesundheitsschädliches Verhalten ging, war ich lange Zeit einer, der am lautesten schrie: Alkohol? Hierher! Fettes Essen? Bitte in meinen Mund! Bewegung? Ich bin doch nicht verrückt!

chiater sofort Valium zur Beruhigung verschreiben würde. Denn ich freue mich noch immer jedes Mal wie ein kleines Kind, wenn ich einem Noch-Raucher den Ausweg aus einer der schwachsinnigsten Süchte unserer Zeit zeigen kann.

Auch Sie können ganz einfach zum Nichtraucher werden. Dabei geht es nicht um mysteriöse Zauberei, schwere Entzugserscheinungen oder um komplizierte, tiefenpsychologische Deutungen. Sie brauchen nur die richtigen Informationen und ein wenig gesunden Menschenverstand. In diesem Buch werden Sie das nötige Know-how bekommen. Bitte erwarten Sie keine allzu komplexen Abhandlungen. Ich werde mich nur auf das Wesentliche beschränken, denn die grundsätzlichen Mechanismen des Rauchens sind bei allen Rauchern gleich.[4] Und wenn Sie verstehen, wie das Rauchen funktioniert, können Sie genauso leicht zum Nichtraucher werden, wie Sie eine Schwarzwälder Kirschtorte backen können.

Ach, Sie können keine Schwarzwälder Kirschtorte backen? Sie brauchen dafür einen Mürbeteig- und einen Schokoladenbiskuitboden, 50 Gramm Johannis- oder Himbeermarmelade, einen Liter gesüßte Schlagsahne, drei Blatt Gelatine, 250 Gramm Sauerkirschen, 100 Gramm Kirschwasser, 50 Gramm Schokoraspel und 16 Cocktailkirschen. Jetzt müssen Sie nur noch wissen, wie die Zutaten genau zusammengehören – und schon ist die Torte fertig. Dazu später mehr.

Bitte betrachten Sie dieses Buch als Ihr persönliches Rezept zum Nichtrauchen. Am besten lesen Sie es in einem Rutsch durch. Sie dürfen den Rutsch auch gerne auf ein paar Tage verteilen. Aber Vorsicht: Wenn aus den paar Tagen ein paar Wochen oder Monate werden, dann haben Sie wahrscheinlich einen Konflikt

4 Selbst wenn nicht alles hundertprozentig auf Sie zutrifft: Das meiste wird auch auf Sie zutreffen.

mit Ihrem inneren Schweinehund.[5] In diesem Fall: Legen Sie das Buch zur Seite und quälen Sie sich nicht unnötig. Irgendwann unternehmen Sie einfach einen neuen Anlauf. Aber seien Sie sicher: Es gibt überhaupt nichts, wovor Sie Angst zu haben brauchen. Ganz im Gegenteil: Die Angst wird endlich verschwinden, wenn Sie die Giftstäbchen nicht mehr einatmen müssen.

Viel Spaß und Erfolg bei einem der großartigsten Projekte Ihres Lebens!

## Zusammenfassung

- Viele Nichtraucher sind Exraucher.
- Nichtraucher zu werden ist viel einfacher, als manche denken.
- Auch Sie können zum Nichtraucher werden.
- Sie brauchen dafür nur die richtigen Informationen und ein wenig gesunden Menschenverstand.
- Lesen Sie das Buch zügig durch.
- Sie werden sehen: Es wird Spaß machen!

5 Das nur kurz vorweg. Über den inneren Schweinehund werden Sie bald noch eine ganze Menge erfahren.

# 2. Ich rauche gerne

Warum rauchen wir? Wir rauchen, weil es uns gefällt, weil es uns schmeckt und entspannt. Wir rauchen, weil es gegen Langeweile hilft und wir mit Zigaretten besser denken können. Wir rauchen, weil es manchmal einfach cool aussieht und Raucher nette Menschen sind. Und wir rauchen, weil es sich mit Zigaretten oft so wunderbar melancholisch sinnieren lässt. Alles klar? Noch mal zum Mitschreiben:

Rauchen macht Spaß. Das Ritual muss sich ein echtes Genie ausgedacht haben. Die Schachtel klappt auf, ein süßlicher Duft steigt uns entgegen und verkündet uns die frohe Botschaft: Gleich darfst du rauchen. Von Glücksgefühlen begleitet, bewegt sich die Hand erst in die Schachtel[6] und führt dann eine kostbare Zigarette zum Mund. Die Lippen umschließen den Filter, und das Feuerzeug klickt. Die Flamme bringt den Tabak zum Glühen, und ein leises Knistern begleitet unsere ersten tiefen Züge. Herrlich! Wir sehen zu, wie der aromatische Rauch unsere Lungen wieder verlässt und in die Luft steigt, und wir freuen uns. So viel Glück auf Erden!

Rauchen schmeckt gut. Es ist gar nicht so einfach, diesen Geschmack zu beschreiben. Vor allem ein Nichtraucher kann das nicht verstehen. Es fühlt sich einfach gut an, den Rauch genüsslich einzuatmen, zu schmecken, ihn wieder auszuatmen und dann den nächsten Zug zu nehmen. Und einige Zigaretten schmecken besonders gut: die Super-Zigaretten zum Kaffee, nach dem Essen,

6 Sollten Sie Tabakselbstdreher, Pfeifen- oder Zigarrenraucher sein, ersetzen Sie bitte in Gedanken das Ritual durch Ihr eigenes.

dem Kinofilm, dem Sex und so weiter. Auf diese Zigaretten wollen wir niemals verzichten.

Rauchen tut gut. Wenn wir Ärger oder Stress haben, rauchen wir besonders gerne. Der Rauch dringt tief in unsere Lungen ein und macht dann diese wohlige Entspannung. Der arme Nichtraucher ist seinem Stress immer hilflos ausgeliefert! Er weiß überhaupt nicht, was er verpasst. Und wenn wir eine Weile nicht rauchen dürfen, können wir uns schon auf die nächste Zigarette freuen. Sobald das Rauchen wieder erlaubt ist, zünden wir sie an – eine entspannende Super-Zigarette.

Rauchen hilft gegen Langeweile. Wir rauchen zum Beispiel, wenn wir warten müssen. Dann haben wir wenigstens etwas zu tun. Und warten müssen wir oft: auf den Bus, auf die Pizza beim Italiener, auf unseren langsamen Computer. Jetzt eine kleine Zigarette, und ein wohliges Gefühl vertreibt das Unbehagen. So warten wir gerne.

Rauchen hilft beim Denken. Kennen Sie das Gefühl, unter Druck zu stehen? Manchmal müssen wir dringend ein Problem lösen, eine Aufgabe erledigen oder uns etwas ausdenken – und die grauen Zellen wollen streiken. Was hilft uns dabei? Eine Zigarette. Ein paar tiefe Züge, und im Kopf flutscht es wieder. Wie sehr müssen uns die Nichtraucher um unsere kleine Denkhilfe beneiden! Sie haben nur ihre spärliche Eingebung. Wie schade für sie!

Rauchen sieht gut aus. Die Zigarette hängt lässig im Mundwinkel, oder unsere Hände halten sie mit spielerischer Eleganz. Eine einsame Lady sucht kontaktfreudig nach Feuer und lässt sich vom charmanten Lächeln eines rauchenden Flirtprofis verzaubern. Selbstbestimmte Frauen und lässige Männer beweisen: Wir sind unabhängig, attraktiv und stark. Wer will das schon bestreiten?

Raucher sind nette Leute. Also begeben wir uns zu Unseresgleichen: in die Raucherecken, auf die Raucherbalkone oder in die Eingangsbereiche mit Großaschenbecher. Hier sind wir unter Freunden und dürfen sein, wer wir sind. Und auf den seltsamen Nichtraucher-Partys unserer seltsamen Nichtraucher-Freunde drängen wir uns gemütlich in die verqualmten Küchen oder auf die Balkone. Nur so machen Partys Spaß. Ein langweiliger Nichtraucher wird das nie verstehen können. Verzeihen wir ihm, er weiß es nicht besser.

Rauchen gibt uns Halt. Wenn das Leben einen Blues spielt und uns die Melancholie ergreift, haben wir unseren kleinen, gefährlichen Freund. Wir ziehen an der Zigarette und inhalieren ein tödliches Gift. Wir geben dem traurigen Moment einen tröstlichen Rhythmus und ein wenig morbide Würze. Dann lassen wir unseren dunklen Gedanken wieder freien Lauf und genießen den Hauch grauer Vergänglichkeit.

Falls uns also wieder ein Hobby-Doktor auf die Nerven fällt: Wir wissen selbst, dass Rauchen ungesund ist. Aber wir haben lauter gute Gründe zu rauchen!

Doch all diese guten Gründe kann man auch ganz anders sehen.

## Zusammenfassung

- Wir denken, dass uns das Rauchen Spaß macht,
- gut schmeckt,
- uns entspannt,

- uns ablenkt,
- beim Denken hilft,
- gut aussieht,
- uns mit netten Menschen zusammenbringt
- und die Melancholie schöner macht.
- Nur: Wir irren uns leider.

# 3. Abrakadabra?

Wir scheinen zu wissen, warum wir rauchen. Aber wissen wir es wirklich? Noch vor ein paar Jahren war ich von jedem einzelnen der angeblich so guten Gründe überzeugt: Ich rauchte gerne, weil es mir gut schmeckte, mich entspannte und ablenkte. Es half mir beim Denken, sah lässig aus, brachte mich mit netten Menschen zusammen, und ich konnte mich mit meinen Zigaretten richtig schön hängen lassen. Doch die Wirklichkeit sieht leider anders aus.

Erinnern Sie sich noch an die Zeit, als Sie noch nicht geraucht haben? Es wäre Ihnen sicher nie in den Sinn gekommen, an einer Zigarette zu ziehen, um die Langeweile zu vertreiben, Ihre Nerven zu beruhigen oder die Melancholie zu pflegen. Doch seitdem hat sich etwas verändert. Denn mittlerweile ist das Rauchen so normal geworden wie der Kaffee zum Frühstück – obwohl uns die Zigaretten nicht nur glückliche Momente bescheren.

Hand aufs Herz: Ist es nicht eher so, dass wir die meisten Zigaretten ziemlich unkontrolliert in uns hineinqualmen? Wie oft rauchen wir sogar, ohne dass wir es bemerken? Freuen wir uns über unseren Mundgeruch, unsere gelben Zähnen und unsere Konditionsschwäche? Ist unser geliebtes Ritual nicht ziemlich lächerlich, wenn wir dafür im Winter auf den Balkon müssen? Ist es nicht erniedrigend, wenn die ersten Züge am Morgen minutenlange Hustenanfälle auslösen? Werden wir nicht schnell nervös, wenn wir keine Zigaretten mehr haben? Bekommen wir dann nicht sofort das miese Gefühl: Ich brauche jetzt dringend eine Zigarette? Fehlt uns nicht etwas, wenn wir mal ohne Zigaretten klar denken oder geduldig auf etwas warten sollen? Fühlen wir uns unter anderen Menschen nicht oft unsicher, wenn wir nicht rauchen dürfen?

Zum Beispiel wissen wir oft nicht, wo unsere Hände hin sollen. Und wenn man uns einmal schräg anschaut, grapschen wir manches Mal nervös nach der Schachtel und suchen verzweifelt die Raucherecke. Und wie oft rauchen wir sogar mit Menschen, die wir eigentlich gar nicht mögen? Wir bekommen gelbe Finger, ein blassgraues Gesicht und faltige Haut. Und weil wir nicht anders können, brauchen wir seelische Unterstützung durch andere Raucher. Kann man das Rauchen nicht auch so sehen? Aber langsam.

Eines hat mich früher immer irritiert: Die Nichtraucher brauchen keine Zigaretten. Warum denn nicht? Sie scheinen sich auch ohne das Zeug ganz gut zu fühlen! Und warum wollen Raucher eigentlich immer mit dem Rauchen aufhören? Kann es sein, dass die Nichtraucher frei und unabhängig sind und die Raucher das auch gerne wären, aber dass sie es irgendwie nicht mehr schaffen? Und: Wäre ich dann wirklich noch so gerne ein Raucher? Rauchen wir wirklich, weil wir gerne rauchen? Oder reden wir uns nur ein, dass wir gerne rauchen, und befürchten vielleicht heimlich, dass wir damit nicht mehr aufhören können?

Kann es sein, dass das Rauchen nur eine Illusion ist? Vielleicht gaukeln uns ja bloß ein paar biologische und psychologische Tricks etwas vor? Wenn wir wüssten, wie die Tricks funktionieren, könnten wir uns bestimmt aus den unsichtbaren Ketten des Rauchens befreien, denn wer Tricks durchschaut, fällt nicht mehr auf sie herein. Wir glauben schließlich auch nicht daran, dass man Kaninchen aus einem Zylinder hervorzaubern kann![7]

Also: Warum rauchen wir überhaupt? Auf einen Grund können wir uns jetzt schon einigen: Wir rauchen, weil wir eines Tages damit angefangen haben. Würden Sie noch einmal anfangen zu rauchen, wenn Sie die Wahl hätten? Selbst damals, als ich mich noch zu den überzeugten Rauchern zählte, wäre ich intuitiv lieber Nichtraucher gewesen. Aber ich akzeptierte mein Schicksal – ich war und blieb ein Raucher. Eines Tages hatte ich damit angefangen, und ich würde nie wieder damit aufhören. Punkt.

Stellen Sie sich vor, Sie hätten bereits vor Ihrer allerersten Zigarette gewusst, was da auf Sie zukommt. Stellen Sie sich vor, Sie hätten gewusst, dass Sie so viele Jahre rauchen müssten, Tausende Euro verbrennen würden und nicht mehr aufhören könnten. Würden Sie Ihre erste Zigarette dann noch einmal rauchen? Vermutlich nicht. Und nun stellen Sie sich vor, es gäbe einen Zauberspruch, durch den Sie sich – Abrakadabra! – vor Ihre allererste Zigarette zurückzaubern könnten. Würden Sie diesen Zauberspruch aufsagen? Ein reizvoller Gedanke, nicht wahr? Ich habe eine Überraschung für Sie: Diesen Zauberspruch gibt es tatsächlich. Sie werden ihn später kennen lernen. Sie können dann Abrakadabra sagen und sich in den Nichtraucher zurückverwandeln, der Sie einmal waren.

Sie sind skeptisch? Warum? Es gibt doch Millionen Menschen, die schon problemlos wieder zu Nichtrauchern geworden sind.

7 Vermutlich hat der Zylinder einen Hohlraum, und der Zauberer hat das Kaninchen vorher dort drin versteckt.

## Zusammenfassung

- Wir rauchen, weil wir eines Tages damit angefangen haben.
- Wir rauchen nur wegen ein paar biologischer und psychologischer Tricks.
- Wir rauchen oft unkontrolliert, ohne die einzelnen Zigaretten zu schmecken.
- Wir sind ohne die Zigaretten innerlich angespannt.
- Wir können Ruhe und Entspannung schlecht ertragen.
- Wir können ohne Zigaretten nicht mehr klar denken.
- Wir sehen mit Zigaretten oft lächerlich aus.
- Wir müssen ständig mit Rauchern zusammen sein.
- Nichtrauchern scheint gar nichts zu fehlen.
- Es wäre schön, wenn wir das Rauchen einfach wegzaubern könnten.

# 4. Das Rezept

Kennen Sie dieses Hin und Her im Kopf? »Hör endlich auf zu rauchen!« – »Nein, rauch lieber weiter, sonst fehlt dir was!« – »Schon wieder höhere Zigarettenpreise. Willst du dir das etwa gefallen lassen?« – »Dieses Mal machst du es noch mit, beim nächsten Mal hörst du auf.« – »Du bist schon wieder außer Atem. Das kommt nur vom Rauchen.« – »Ach was, du wirst einfach älter. Außerdem schaffst du es sowieso nicht, aufzuhören.« Und so weiter. Warum sind wir Raucher innerlich nur so zerrissen?

Wenn wir etwas wirklich gerne mögen, haben wir kein Hin und Her im Kopf: Wir genießen die heiße Badewanne im Winter, die ersten Sonnenstrahlen im Frühling und ein kaltes Getränk im Sommer. Wir legen nach der Arbeit gerne die Füße hoch, unterhalten uns mit Freunden und gönnen uns ohne schlechtes Gewissen sogar ab und zu ein paar echte Kalorien zum Essen – schließlich tun wir das nicht jeden Tag. Aber beim Thema Rauchen scheint in uns ständig ein Kampf zu toben.[8] Warum? Rauchen wir wirklich so gerne?

Stellen Sie sich vor, Sie gehen auf eine gute Party und nehmen Ihre Videokamera mit. Nun filmen Sie den ganzen Abend lang abwechselnd ein streitendes Pärchen, den überquellenden Aschenbecher und einen Fleck auf der Tischdecke. Ein anderer Gast filmt mit seiner Videokamera lauter lachende Gesichter, die Geschenke für den Gastgeber und die bewegte Tanzfläche. Wer wird die Party wohl in besserer Erinnerung behalten?

8 Wenn es kein offener Kampf ist, dann ist es meist das dumpf bohrende schlechte Gewissen, das uns daran erinnert, dass wir eigentlich nicht rauchen sollten.

Unser ganzes Leben lang laufen wir mit einer mentalen Kamera durch die Gegend und richten unsere Aufmerksamkeit auf das, was wir sehen wollen. So konstruieren wir mit der Zeit unsere eigene Wirklichkeit. Und manchmal sehen wir die Pizza vor lauter Käse nicht! Am besten zoomen wir also in die Totale und können jetzt das Wichtige erkennen: Das Objekt ist gelblich, flach, rund und hat einen braunen Rand. Nun fokussieren wir die Zutaten und erkennen Käse, Ananas und Schinken. Wir filmen eine Pizza Hawaii. Wenn wir also etwas Wichtiges beurteilen wollen, müssen wir uns zuerst fragen: Was filmt eigentlich unsere innere Videokamera?

In welcher Wirklichkeit leben wir Raucher? Worauf richten wir unsere Kamera? Treten wir einen Schritt zurück, um die Raucher-Pizza besser erkennen zu können. Und nun analysieren wir die einzelnen Zutaten, indem wir unsere Kamera darauf richten. Finden wir doch heraus, warum wir wirklich rauchen. Filmen wir die wahren Ursachen und erkennen ihre Wirkungen. Vielleicht verstehen wir bald, wie das Rauchen funktioniert, und bekommen so das Hin und Her im Kopf gelöst.

Um eine Schwarzwälder Kirschtorte zu backen, brauchen wir nur ein paar Zutaten, die wir richtig zusammenstellen müssen. Beim Rauchen ist es genauso: Um das Rauchen zu verstehen, brauchen wir ein paar Erinnerungen an früher, die wichtigsten Informationen über Biologie und Psychologie des Rauchens[9] und ein paar Kenntnisse aus Wirtschaft und Politik. Um mit dem Rauchen schließlich aufzuhören, brauchen wir nur noch eine Prise Motivation und die richtige Anleitung für den Nikotinentzug. Fertig.

Am besten richten wir unsere mentale Videokamera auf fol-

9 Also: Was macht das Rauchen eigentlich mit unserem Körper, unseren Gedanken und unserem Verhalten?

gende Fragen: Wie und warum haben wir mit dem Rauchen angefangen? Was macht das Nikotin mit unseren Nerven? Sind wir eigentlich nikotinsüchtig? Was ist eine Sucht überhaupt? Warum schmecken Zigaretten mal so und mal so? Wer verdient am Rauchen Geld? Wie funktioniert Zigarettenwerbung? Wie werden wir Raucher manipuliert? Was ist in Zigaretten alles drin? Wie werden wir die Zigaretten und das Verlangen nach ihnen am besten los? Warum müssen wir keine Entzugserscheinungen spüren, wenn wir nicht mehr rauchen? Warum bleiben wir auch ohne Zigaretten schlank? Wie wird es uns als Nichtraucher gehen? Und warum werden wir nie wieder Zigaretten brauchen?

Ihr Rezept zum Nichtrauchen wird all diese Zutaten und noch einiges mehr enthalten. Und Sie werden bald sehen: Es gibt keinen einzigen Grund mehr, zur Zigarette zu greifen.

Trotzdem: Bitte rauchen Sie weiter, während Sie dieses Buch lesen. So viel wie sonst auch. Erst gegen Ende werde ich Sie bitten, Ihre letzte Zigarette zu rauchen. Das ist dann der Punkt, an dem Sie Nichtraucher werden. Das Kapitel heißt »Jetzt geht's los«. Und keine Sorge: Sie werden es nicht übersehen.

## Zusammenfassung

- Wir wissen nicht, was wir vom Rauchen wirklich halten sollen, und in unserem Kopf geht es hin und her.
- Richten wir unsere Aufmerksamkeit also auf die wichtigsten Fragen:
- Warum haben wir angefangen zu rauchen?
- Welche biologischen Ursachen hat das Rauchen?
- Welche psychologischen Ursachen hat das Rauchen?
- Welche Märchen hat man uns über das Rauchen erzählt?
- Wie einfach ist es wirklich, mit dem Rauchen aufzuhören?

- Wir werden verstehen, wie das Rauchen funktioniert.
- Das Hin und Her in unserem Kopf wird verschwinden.
- Wir werden ganz einfach wieder zu Nichtrauchern werden.
- Wir werden nie wieder mit dem Rauchen anfangen.

## 5. Es war einmal …

Wie war das eigentlich, als wir noch nicht geraucht haben? Hat uns damals etwas gefehlt? Seltsame Frage, das ist sehr lange her. Es fällt uns schwer, uns daran zu erinnern. Nein, wahrscheinlich hat uns nichts gefehlt. Wahrscheinlich ging es uns auch ohne Zigaretten ganz gut. Aber irgendetwas musste am Rauchen ja dran sein – sonst hätten wir schließlich nicht damit angefangen. Oder?

Was antworten wir einem Jugendlichen, wenn er uns fragt, ob er mit dem Rauchen anfangen soll? Wir raten ihm natürlich: »Lass die Finger davon!« Was aber, wenn uns der Jugendliche dann fragt: »Warum rauchst du denn selbst?« Jetzt hätten wir ein kleines Problem. Vielleicht wären wir so ehrlich und würden zugeben, dass wir es nicht mehr lassen können. Der Jugendliche würde uns fragen: »Bist du süchtig?« Das würden wir bestreiten – schließlich haben wir jede Menge gute Gründe, warum wir rauchen. Und schon müssten wir wieder unsere Sprüchlein aufsagen: Spaß, Geschmack, Zeitvertreib, Denkhilfe, Lifestyle, Geselligkeit. Hätte der Jugendliche jetzt irgendeinen Grund, die Finger von den Zigaretten zu lassen?

Menschen ahmen andere Menschen nach, so lernen wir am besten. Vormachen, nachmachen. Sinnvolles und weniger Sinnvolles. Wir lernen mit Messer und Gabel zu essen, Englisch zu sprechen und Schach zu spielen. Leider lernen wir auch, uns anzuschreien, bei Frust zu saufen oder Angst vor Fremden zu haben. Wir machen vor allem das nach, was uns unsere Vorbilder vormachen. Warum schmiert sich ein kleines Mädchen Lippenstift auf den Mund? Weil es so sein will wie seine Mutter. Warum freut sich ein kleiner Junge, wenn der FC Bayern wieder einmal Meister geworden ist? Weil sein Vater gerade die Meisterschaft feiert. Warum fangen Jugendliche an zu rauchen? Weil man es ihnen vormacht. Kein Mensch käme von sich aus je auf die Idee, getrocknete Blätterbrösel in Papierhülsen zu stopfen, das Ganze in den Mund zu stecken, anzuzünden und dann auch noch den Rauch einzuatmen. Denn eigentlich ist das absurd und lächerlich.

Jugendliche wollen so schnell wie möglich erwachsen sein. Sie können es meist gar nicht erwarten, ihr Leben endlich selbst zu bestimmen. Doch was gehört zum Erwachsensein dazu? Dass man Dinge tun darf, die nur Erwachsene tun dürfen. Autofahren zum Beispiel. Doch das geht erst mit 18. Oder Rauchen. Das geht schon früher. Ist Ihnen schon einmal aufgefallen, wie sehr die Zigarettenwerbung auf Jugendliche zielt? Man zeigt genau das, wonach sich Jugendliche besonders sehnen: Partys, Sex, Spaß und Abenteuer. Unsere Kinder werden gezielt in die Falle gelockt! Dazu später mehr. Und weil alle Erwachsenen vor dem Rauchen warnen, wird es für Jugendliche nur doppelt so interessant: Wer sich traut, die gefährlichen Zigaretten zu rauchen, muss schließlich ein ganz Großer sein. Also treiben Verbote und Teenagerträume den Nachwuchs zur Zigarette. Die Jugendlichen nehmen sich vor, das Rauchen so schnell wie möglich auszuprobieren.

Was aber nehmen wir Raucher uns immer vor? Das Rauchen aufzuhören! Und schon haben wir eine völlig perverse Situation: Wir wollen alle damit aufhören, aber wir schaffen es irgendwie nicht. Und der Nachwuchs hört, wie wir unsere ständigen Misserfolge schönreden: »Die Zigarette schmeckt mir so gut. Die Zigarette beruhigt mich. Die Zigarette ist mein kleiner Freund.« Das spornt die Anfänger natürlich an, und unsere Warnungen laufen ins Leere. Dabei wissen wir genau: Jugendliche sollten wirklich nicht rauchen! Und wenn sie einmal damit angefangen haben, glauben sie leider, jederzeit wieder mit dem Rauchen aufhören zu können. Sie halten sich für schlauer als wir – so wie wir uns einmal für schlauer gehalten haben als unsere Eltern. Eine trügerische Sicherheit, das wissen wir. Denn auch sie rutschen leider in die Suchtfalle hinein.

Wie sehen Jugendliche eigentlich aus, wenn sie rauchen? Ziemlich lächerlich, finden Sie nicht? Können Sie sich vorstellen, dass auch wir einmal so lächerlich ausgesehen haben? Peinliche Erinnerungen klopfen an unsere Bewusstseinsschwelle – seltsame Frisuren und komische Klamotten auf alten Fotos.

Machen wir eine kleine Zeitreise rückwärts: Wissen Sie noch, was Ihnen im Kopf herumspukte, als Sie 15 waren? Hatten Sie häufig Ärger mit Ihren Eltern? Hat Sie damals ein Lehrer schikaniert? Waren Sie andauernd verliebt? Wollten Sie so schnell wie möglich erwachsen werden? Willkommen in der Gegenwart – auch heute noch haben Jugendliche die gleichen Probleme.

Kann es sein, dass auch wir angefangen haben zu rauchen, um endlich erwachsen zu sein? Wollten wir damit nur zeigen, dass wir groß, stark und eigenständig waren? Oder waren wir vielleicht nur trotzig?

## Zusammenfassung

- Als wir noch nicht geraucht haben, hat uns nichts gefehlt.
- Wir würden Jugendlichen vom Rauchen abraten.
- Menschen lernen durch Vormachen und Nachmachen.
- Wenn viele Menschen rauchen, ahmen viele das Rauchen nach.
- Jugendliche möchten so schnell wie möglich erwachsen werden.
- Jugendliche halten das Rauchen für ein Symbol des Erwachsenseins.
- Also fangen Jugendliche an zu rauchen.
- Jugendliche nehmen unsere Warnungen nicht ernst.
- Sie wissen noch nicht, dass sie davon süchtig werden können.

# 6. Aller Anfang ist schwer

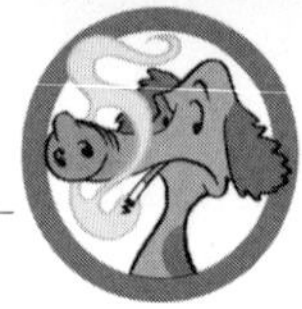

Gönnen wir uns noch mal einen Blick in den Rückspiegel: Wer waren Ihre persönlichen Raucher-Vorbilder? Vater, Mutter, Bruder, Schwester? Die beste Freundin oder der beste Freund? Die coolen Schüler aus den höheren Klassen? Der starke Fernsehdetektiv? Die schöne Frau aus der Zigarettenwerbung? Waren wir nicht von Rauchern umzingelt? Was sollte am Rauchen also falsch sein? Eines Tages drang es bis in unseren Freundeskreis vor. Und schon bald haben wir selbst von der verbotenen Frucht genascht.

Bei mir war es so: Mein Freund und Idol Tobias lag neben mir auf der Wiese des Freibades meiner Heimatstadt. Er rauchte lässig seine Zigaretten, und mal wieder scharten sich drei hübsche Mädchen um ihn. Tobias war größer als ich, hatte einen athletischen Körper, und zwei stahlblaue Augen lächelten unter seinem dunklen Wuschelkopf hervor. Die Mädchen schmachteten ihn an. Was sollte ich tun? Ich war ein durch und durch durchschnittlicher Fünfzehnjähriger: Pickel, blasse Haut, Bauchansatz, Brille und ein hässlicher Flaum unter der Nase. Ich konnte weder mit blauen Augen glänzen noch mit meinem Körperbau. Und schon gar nicht mit langen Haaren, denn meine Eltern schickten mich gegen meinen Willen regelmäßig zum Friseur. Aber ein Raucher konnte ich werden! Also zündete ich mir eine Zigarette an.

Wo haben Sie Ihre erste Zigarette geraucht? Ich wette, es war heimlich. Wahrscheinlich im Freundeskreis. In einer Ecke auf dem Schulhof? Im Zeltlager? Auf dem Dachboden?[10] Plötzlich war sie

10 Falls Sie erst als Erwachsener angefangen haben, sind Sie wahrscheinlich auf einer Party in die Falle getreten. War Alkohol im Spiel? Mein Beileid. Weil

da, die erste Zigarette. »Willst du auch eine?«, wurden wir gefragt. Und ob wir eine wollten! Mit Herzklopfen nahmen wir das ersehnte Stück an uns und zündeten es an. In freudiger Erwartung sogen wir den Rauch in unsere Mundhöhle. Und? Wie schmeckte es? Na, wie Rauch eben schmeckt: nach Rauch. Unspektakulär. Gespannt schauten uns die Profiraucher zu und entdeckten schnell den Fehler: »Hey, du rauchst ja gar nicht richtig!« Ertappt. Wir versuchten also zu inhalieren. Einige probierten es auf die harte Tour: Rauch in die Mundhöhle, alles auf einmal einatmen – als ob man sich erschreckt – und beim Ausatmen laut rufen: »Papa kommt!« Dann kamen die bösen Hustenanfälle.

Ich gehörte ja eher zu den Weicheiern: Zentimeter um Zentimeter ließ ich den Rauch in meinen Rachen dringen. Bah, war das ekelhaft! Und ich spürte den Effekt: Meine Knie wurden weich, mir wurde schwindlig und schlecht. Ich traute mich nicht mehr, den Rest der Zigarette zu inhalieren. Ich paffte ein wenig und hoffte, dass ich mich bald wieder gesund fühlen würde. Gesund genug, um den nächsten Zug hinunterzuzwängen.

Die Zigarette war widerlich. Ich saß danach auf der Toilette des Freibades und würgte in die Schüssel. Die Minuten dauerten ewig, und mein Entschluss stand fest: Nie wieder rauchen! Nach und

Alkohol ein starkes Betäubungsmittel ist, können Sie sich vielleicht noch nicht einmal an den fiesen Geschmack Ihrer ersten Zigaretten erinnern. Trotzdem gelten alle geschilderten Mechanismen auch für Sie.

nach verflüchtigte sich die Übelkeit. Nach einer halben Stunde kam ich zur Liegewiese zurück. Tobias schmauchte lässig seine Kippen, und die Mädchen himmelten ihn an. Und ich nahm mir wieder vor: Auch ich werde es schaffen, ein Raucher zu werden.

Unsere ersten Zigaretten waren grauenhaft: Übelkeit, Nervenflattern, blasse Haut, Schwitzen, Husten, Atemnot und ein Dröhnen im Kopf – wie konnten die Raucher das nur gut finden?[11] Bei unseren Vorbildern sah das Rauchen so leicht aus, und wir mühten uns verzweifelt ab. Vielleicht machten wir ja etwas falsch? Doch die Profis beruhigten uns: »Man gewöhnt sich daran«, sagten sie. Wir mussten uns also nur ein wenig Mühe geben und üben. Gesagt, getan: Von nun an übten wir fleißig. Wir übten bei jeder Gelegenheit. Den Rauch immer weiter rein in den Hals, immer mehr Züge pro Zigarette, manchmal sogar zwei Zigaretten hintereinander. Und tatsächlich: In kleinen Schritten ging es vorwärts. Bald hatten wir nicht nur die Übelkeit im Griff, sondern wir konnten sogar richtig inhalieren. Und irgendwann kam der magische Moment: Die Zigaretten begannen ein kleines bisschen zu schmecken. Wir hatten es geschafft: Wir waren endlich zu Rauchern geworden. Unser Nachahmungstrieb hatte über unseren Instinkt gesiegt.

Übrigens: Manchmal werfen uns Nichtraucher ja vor, wir seien willensschwach oder irgendwie psychisch gestört, weil wir mit dem Rauchen nicht aufhören können. Völliger Blödsinn. Wissen

11 Vereinzelt behaupten einige, sie hätten ihre ersten Zigaretten genossen. Doch wenn man näher nachfragt, zeigt sich schnell, dass sie ihre ersten Zigaretten meist in besonders schönen Momenten geraucht haben: im Urlaub am Strand, auf einer Party oder nach dem ersten Kuss. Und schon verfälscht die Romantik unsere Erinnerung. Falls Sie dieses Kribbeln im Kopf übrigens schön gefunden haben, haben Sie das Nikotin wahrscheinlich instinktiv so niedrig dosiert, dass es Ihnen nichts antun konnte. Erinnern Sie sich bitte: Haben Sie Ihre Zigaretten auch wirklich richtig inhaliert?

Sie noch, wie willensstark wir damals waren, als wir angefangen haben? Wie wir üben mussten! Wie teuer die Zigaretten waren! Wie wir das Rauchen vor unseren Eltern verheimlicht haben! Ob das alles auch ein Nichtraucher geschafft hätte?

Klar. Eigentlich hätten wir schon vor unserer ersten Zigarette wissen können, was auf uns zukommt. Wir wussten genau, dass Raucher jämmerlich husten, stinken und schleimen. Wir wussten von Siechtum, Schlaganfall, Herzinfarkt und Krebs.

Aber wir hätten doch nie gedacht, dass wir so viele Jahre weiterrauchen müssen!

Diese Zeit ist zum Glück bald vorbei.

## Zusammenfassung

- Wir wollten als Jugendliche auch endlich zu Rauchern werden.
- Also haben wir damit heimlich angefangen.
- Die ersten Zigaretten haben ekelhaft geschmeckt.
- Uns ist vom Rauchen sogar schlecht geworden.
- Wir haben das Inhalieren geübt, geübt, geübt.
- Irgendwann ist die Übelkeit verschwunden.
- Dann haben wir jahrelang weitergeraucht.

# 7. Der innere Schweinehund

Haben Sie schon mal versucht, mit dem Rauchen aufzuhören? Noch nie? Zigmal? Hundertmal? Bitte lassen Sie sich nicht entmutigen: Ist Ihnen schon einmal aufgefallen, wie viele Ex-Raucher es unter Ihren Bekannten gibt? All denen geht es ohne Zigaretten prima. Warum sollten Sie die Zigaretten nicht auch bald zum Teufel schicken? Vielleicht denken Sie: »Bei mir ist es aber irgendwie anders, ich rauche wirklich gerne. Und manchmal brauche ich die Zigaretten einfach.« Genau so haben schon Millionen Ex-Raucher auf der Welt gedacht – darunter auch ich. Sie werden sehen: Wenn man weiß, wie es am besten geht, ist es kinderleicht, von dem Gift loszukommen – egal, ob Sie vorher nur einmal oder tausendmal gescheitert sind.

Darf ich Ihnen unseren wichtigsten Begleiter vorstellen? Den inneren Schweinehund! Ohne unseren inneren Schweinehund

wären wir längst fünf Kilo leichter, hätten Spanisch gelernt und wären schon lange Nichtraucher. Immer dann, wenn wir etwas Wichtiges nicht schaffen, schieben wir es auf den inneren Schweinehund. Wie praktisch!

Manchmal denken wir, wir müssten dieses merkwürdige Psycho-Tier bekämpfen oder austricksen, um unsere Ziele zu erreichen. Irrtum! Der innere Schweinehund ist ein Teil von uns selbst. Wenn wir einen Teil von uns selbst bekämpfen, quälen wir uns unnötig und können dabei nicht gewinnen. Wir müssen also anders klarkommen. Vielleicht müssen wir unseren inneren Schweinehund nur besser verstehen? Schließlich haben wir in unserem Leben schon sehr oft friedlich mit ihm zusammengearbeitet – vor allem dann, wenn wir etwas Neues und Aufregendes gemacht haben: Wir haben Skifahren gelernt, uns zu Liebesgeständnissen überwunden und mühsam das Rauchen angefangen. Bei alldem war unser innerer Schweinehund dabei. Grund genug, ein sehr enges Verhältnis zu ihm aufzubauen. Vielleicht geben wir ihm einen Namen? Nennen wir unseren neuen Freund doch einfach Günter. Warum nicht? Günter, der innere Schweinehund.[12]

Günter[13] kennt uns seit unserer Kindheit. Damals war er noch ein neugieriger Ferkelwelpe mit ganz weit geöffneten Augen und Ohren, der alles gierig in sich aufgesogen hat. Viele Jahre lang. Jetzt ist Günter ausgewachsen. Und mittlerweile ist er groß und dick und fett und träge geworden – eben ein echter Schweinehund. Neues lernen will er jetzt nicht mehr. Schließlich weiß er schon ganz genau, was gut und was schlecht für uns ist. Immer, wenn wir etwas Neues ausprobieren oder uns mal anstrengen

12 Wenn Sie eine Frau sind, können Sie Ihre innere Schweinehündin auch gerne Paula nennen. Übrigens gibt es über Günter oder Paula noch viel mehr zu erfahren – werfen Sie mal einen Blick in die Buchtipps!

13 Oder Paula.

wollen, ist Günter zur Stelle: »Lass es sein!«, sagt er dann. Oder: »Das schaffst du sowieso nicht!«

Jedes Lebewesen auf der Welt will, dass es ihm gut geht, und möchte vermeiden, dass es ihm schlecht geht. Auch der faule Günter. Dabei denkt er immer nur ans Hier und Jetzt. Was morgen ist, ist unserem inneren Schweinehund egal. Auf unserem Schreibtisch stapelt sich der Papierkram, doch Günter besänftigt uns: »Mach das besser nächste Woche.« Wir wollen mit dem Hund spazieren gehen, aber eine innere Stimme sagt uns: »Setz dich vor den Fernseher und nimm dir ein Bier!« Der innere Schweinehund ist überall.

Weil Günter so faul ist, lernen wir bald nichts Neues mehr. Wir leben bequem in unserer kleinen Welt und erleben jeden Tag das Gleiche: den gleichen Job, den gleichen Supermarkt, die immer gleiche Lieblingssendung im Fernsehen. Egal, ob uns der Chef ärgert, die Lebensmittelpreise zu hoch sind oder wir langsam verblöden – wir verändern einfach nichts mehr. Dabei war in unserer kleinen Welt einmal alles neu! Wissen Sie noch, wie Sie zum ersten Mal in »Ihrem« Supermarkt waren? Günter wollte alles ganz genau wissen: Wo steht die Milch? Was ist im Kühlregal? Wo sind die Zigaretten? Von Faulheit keine Spur. Vielleicht ist Günter ja immer dann besonders aufmerksam, wenn wir etwas lernen, was uns wirklich interessiert? Vielleicht sollten wir unsere kleine Welt einfach mal verlassen und uns draußen umsehen? Was es da wohl alles zu entdecken gibt?

Haben Sie Lust auf ein paar neue Entdeckungen? Möchten Sie die Antworten auf ein paar spannende Fragen erfahren? Warum zieht es uns zum Beispiel immer wieder magisch zur Zigarette, obwohl wir uns so oft geschworen haben, die Dinger nie wieder anzufassen? Oder warum haben wir oft solche Angst davor, mit dem Rauchen aufzuhören? Seien Sie bitte kritisch und offen für Neues. Dann werden Sie auf viele Fragen bald eine Antwort haben.

Lassen Sie uns jetzt also über unseren Tellerrand schauen und unseren Horizont erweitern. Zoomen wir mit unserer Videokamera in die Totale und entdecken wir ein interessantes Thema: Was ist eine Sucht?

## Zusammenfassung

- Der innere Schweinehund hält uns oft davon ab, unsere Pläne umzusetzen.
- Der innere Schweinehund ist ein Teil von uns selbst – wir sollten ihn nicht bekämpfen.
- Früher hat der innere Schweinehund noch gerne gelernt.
- Mit der Zeit wurde der innere Schweinehund immer träger. Heute will er nichts Neues mehr lernen.
- Mit der Zeit haben wir uns unsere kleine Welt erschaffen, in der wir immer das Gleiche erleben.

- Wir können erst dann wieder etwas Neues kennen lernen, wenn wir offen sind und über unseren Tellerrand gucken.
- Um etwas übers Rauchen zu lernen, sollten wir zuerst verstehen, was eine Sucht ist.

# 8. Was ist eine Sucht?

Haben Sie gerade Lust auf eine Heroinspritze? Denken Sie die ganze Zeit ans Spielkasino, obwohl Sie da erst gestern Nacht sehr spät rausgekommen sind? Möchten Sie heute eine Kiste Bier trinken? Oder ein, zwei Flaschen Schnaps? Nein? Dann sind Sie offensichtlich kein Heroin-Junkie, Spieler oder Trinker. Sie Glückliche(r). Sie haben keine Heroin-, Spiel- oder Alkoholsucht. Doch was ist das überhaupt, eine Sucht?

Was ist eine Heroinsucht? Stellen wir uns einmal vor, der angehende Junkie spritzt sich zum ersten Mal Heroin. Sobald das Zeug im Blut ist, bekommt er für kurze Zeit ein seltsames, neuartiges Gefühl. Und weil viele seiner Kumpels auch Heroin spritzen, spritzt er sich gleich noch mal. Doch je öfter er sich spritzt, desto langweiliger wird das Gefühl. Also spritzt er nun immer mehr Heroin – er erhöht seine Dosis. Bald schon beginnt er, sich unwohl zu fühlen, wenn er kein Heroin spritzt: Er wird nervös, er schwitzt und denkt die ganze Zeit an den Stoff. Wenn er zu lange mit dem nächsten Schuss wartet, wird es immer schlimmer: Er bekommt Kopfschmerzen, Gliederschmerzen und Durchfall – etwa wie bei einer Erkältung. Sobald aber das Heroin im Blut ist, gehen die Schmerzen plötzlich weg, und er fühlt sich wieder prima. Ein fataler Kreislauf hat begonnen. Der Junkie setzt nun alles daran, immer wieder an Heroin zu kommen. Denn mittlerweile geht es ihm nicht mehr darum, sich nach einem Schuss besonders gut zu fühlen, sondern er fühlt sich ohne Heroin einfach zu schlecht. Wie geht es Ihnen ohne Heroin? Alles okay? Herzlichen Glückwunsch.

Was ist eine Spielsucht? Stellen wir uns vor, der zukünftige Spieler betritt die Spielbank zum ersten Mal. Ihm gefällt die Atmosphäre, er spielt Roulette und gewinnt dabei ein paar Euro. Ein perfekter Abend, er wird wiederkommen. Beim nächsten Mal ist er immer noch fasziniert: die schicken Leute, die bunten Spielchips, der nette Croupier. Leider verliert er dieses Mal. Doch das macht ihm nichts aus, denn er will wiederkommen und ein paar Gewinne erspielen. Auch die nächsten paar Male verliert er meistens. Also kommt er wieder und versucht, die Verluste auszugleichen – nur ein einziger großer Gewinn, und alles hätte sich gelohnt!

Der Spieler merkt leider nicht, dass er in eine Menge Probleme hineinschlittert: Er verbringt immer mehr Zeit im Kasino und macht immer mehr Schulden. Seine Gedanken kreisen nur noch ums Spielen, und in der Nacht träumt er von bunten Spielchips. Er ist besessen. Seinen verwaisten Arbeitsplatz ist er bald los, das Konto färbt sich tiefrot, und der Croupier kennt ihn mittlerweile beim Vornamen. Trotzdem spielt er weiter. Er kann nicht mehr anders. Wie geht es Ihnen ohne Spielkasino? Alles im grünen Bereich? Sehr schön.

Stellen Sie sich nun vor, beide hätten plötzlich kein Geld mehr. Der Junkie könnte sich seinen Stoff nicht mehr kaufen, und die Bank würde dem Spieler die Kredite sperren. Wie würden sie reagieren? Die beiden würden Amok laufen! Vielleicht würden sie betteln? Oder sogar klauen? Apropos: Haben Sie schon einmal nach Zigaretten gebettelt? Oder welche geklaut?

Würden uns die beiden Süchtigen um Rat fragen, müssten wir nicht lange überlegen: Wer in seiner eigenen Grube steht, sollte zuerst aufhören zu graben. Der Junkie sollte einen Entzug machen. Wenn er wieder clean ist, sind seine Schmerzen weg, und er ist wieder frei. Und auch der Spieler sollte sich eine Weile vom Kasino fernhalten, damit er wieder einen klaren Kopf bekommt. Dann würde er kein Geld mehr verspielen und könnte in aller Ruhe seine Situation analysieren. Beide wüssten bestimmt bald, wie sie ihr Leben wieder in den Griff bekommen. Doch wie würden sie vermutlich reagieren, wenn wir ihnen solch einen Vorschlag machten? Sie würden Himmel und Hölle in Bewegung setzen, um sich weiter zu spritzen und um weiterzuspielen. Sie würden uns tausend Geschichten, Gründe und Argumente auftischen, warum sie weitermachen müssten. Sie sind in ihrer Sucht gefangen.

Wir kennen das Verlangen, Luft zu atmen. Dieses Verlangen ist uns angeboren. Wir kennen auch das Verlangen nach einem Eis im Sommer. Dieses Verlangen haben wir lernen müssen. Wie stark muss das Verlangen eines Süchtigen nach seinem Suchtstoff sein? Er scheint nicht zu bemerken, wie widersprüchlich er sich verhält, obwohl das eigentlich ein Blinder sieht. Woher kommt dieses Verlangen? Mitten aus dem Gehirn. Der Suchtstoff hat etwas in seinem Gehirn verändert.

Stellen Sie sich bitte vor, auf Ihrem Tisch klingelt ein Wecker. Das Klingeln wird immer lauter, bis Sie es nicht mehr aushalten. Dann drücken Sie am Wecker auf einen Knopf und schalten so das Klingeln ab. Nun genießen Sie die Ruhe. Doch leider fängt der Wecker bald wieder leise an zu klingeln. Denn der Knopf, mit dem Sie das Klingeln ausgeschaltet haben, schaltet das Klingeln gleichzeitig wieder ein. Es wird immer lauter, und Sie müssen bald wieder auf den Knopf drücken. Dann werden Sie kurz Ruhe haben, bevor das Klingeln wieder anfängt. Möchten Sie so einen Wecker haben? Vermutlich nicht. Vielleicht sollten Sie den Wecker weiterklingeln lassen, bis er von selbst ausgeht?

Was hat das alles mit dem Rauchen zu tun? Lassen Sie sich überraschen.

## Zusammenfassung

- Suchtstoffe rufen für kurze Zeit ein seltsames Gefühl hervor.
- Bald gewöhnt man sich an das seltsame Gefühl.

- Die Suchtstoffe verändern dabei das Gehirn.
- Dadurch braucht man immer mehr von dem Suchtstoff.
- Wenn der Suchtstoff nicht da ist, fühlt man sich schlecht.
- Mit dem Suchtstoff fühlt man sich wieder normal.
- Ein Süchtiger will also nicht süchtig sein.
- Ein Süchtiger will sich nur normal fühlen.
- Ein Nichtsüchtiger kann sich immer normal fühlen.
- Ein Süchtiger will sich so fühlen wie ein Nichtsüchtiger.
- Ein Heroin-Junkie will sich fühlen wie ein Nicht-Junkie.
- Ein Spieler will sich fühlen wie ein Nichtspieler.

# 9. Gift im Kopf

Unser Gehirn enthält etwa 100 Milliarden Nervenzellen. Diese Nerven bestimmen, was wir denken, wie wir uns fühlen und was wir tun. Richten wir also unsere Videokamera auf das Gehirn und zoomen wir ganz nah heran.

Damit das Gehirn funktionieren kann, müssen sich die Nervenzellen miteinander unterhalten. Wie tun sie das? Sie bauen lauter kleine Antennen, mit denen sie die anderen Nerven anfunken. Weil unser Gehirn aber kein Radio ist, müssen die Antennen die anderen Nervenzellen direkt berühren – sonst können sie ihnen nichts erzählen. An den Berührungsstellen[14] hüpfen nun kleine biochemische Botenstoffe[15] von der einen Nervenzelle zur anderen. Dort drücken die Botenstoffe auf kleine Knöpfe an der Oberfläche[16] und übermitteln so Informationen. Es gibt viele verschiedene Knöpfe, verschiedene Botenstoffe und verschiedene Informationen.

Was passiert, wenn wir Drogen nehmen? Die Drogen ärgern unsere Nerven, indem sie die Informationen verändern. Alkohol zum Beispiel drückt gerne auf die Beruhigungsknöpfe[17] an der Nervenoberfläche. Die Nerven bekommen den Befehl: »Beruhigt euch!« Zuerst beruhigen sich nun die Zellen, die unser Verhalten kontrollieren: Wir denken weniger nach und benehmen uns selt-

14 Den so genannten Synapsen.

15 Die so genannten Neurotransmitter.

16 Die so genannten Rezeptoren.

17 So genannte GABA-Rezeptoren. GABA steht für Gamma-Amino-Buttersäure. Das ist ein biochemischer Botenstoff.

sam. Typisch Alkohol – wir werden betrunken. Wenn wir jetzt weitertrinken, werden wir bald immer müder, und das Sprachzentrum streikt: Wir fangen an zu lallen. Irgendwann wird unserem Gehirn die Beruhigung zu viel, und wir schlafen ein.

Wenn wir regelmäßig Alkohol trinken, drücken wir regelmäßig auf die Beruhigungsknöpfe unserer Nerven. Die Nerven lassen sich das nicht lange gefallen – wer will schon gerne andauernd müde sein? Also passen sie sich an: Sie bauen einfach mehr Beruhigungsknöpfe in ihre Oberfläche ein. Wenn jetzt der lästige Alkohol kommt, bleiben ein paar Knöpfe frei und wollen besetzt werden. So können wir mehr trinken, bis wir betrunken werden – wir brauchen eine höhere Dosis.

Manche Menschen trinken jeden Tag[18] und haben immer Alkohol im Blut. Wenn wir schon längst sturzbesoffen sind, kann ein Pegeltrinker noch stocknüchtern erscheinen. Er hat zwar eine beeindruckende Fahne und kippt immer wieder nach, aber er fühlt sich nüchtern. Wie geht das nur? Klar: Seine Nerven mussten sich über lange Zeit an den Dauerpegel gewöhnen und haben unermüdlich Beruhigungsknöpfe aufgebaut. Die wollen nun alle gedrückt werden. Damit sich der Trinker also normal fühlen kann, braucht er dazu jetzt den vielen Alkohol.

Was passiert aber, wenn der Pegel sinkt? Jetzt bekommt der Trinker ein Problem: Entzugserscheinungen! Für die vielen Knöpfe ist zu wenig Alkohol da, und die Nerven regen sich auf: Zuerst fühlt sich der Trinker unwohl, er wird nervös, und seine Hand fängt ganz leicht an zu zittern. Je tiefer der Pegel nun

18 Leider macht Alkohol aus manchem netten Menschen ein unerträgliches Monster. Völlig unnötig. Ein Freund von mir hat es einmal so zusammengefasst: »Ich trinke keinen Alkohol, weil ich mich gerne mit anderen Menschen unterhalte, gerne tanze und mich in Liebesabenteuer stürze. Alles mit Alkohol sehr schwierig.« Dem ist nichts hinzuzufügen.

sinkt, desto schlimmer wird es. Schließlich bebt sein ganzer Körper, und die Hand zittert unerträglich. Die Gedanken kreisen nur noch um den Alkohol. Der Trinker muss jetzt unbedingt etwas zu trinken haben. Schnell zwei Gläser Bier oder ein Glas Schnaps – und das Zittern ist verschwunden. Der Alkohol drückt wieder auf die Beruhigungsknöpfe, und die Nerven sind ausgeglichen.

Wann schmeckt ihm das Bier besser? Bei einem hohen Pegel oder bei einem niedrigen? Klar: Bei einem niedrigen Pegel ist das Zittern stärker, und der ganze Körper ruft laut: »Gib mir Alkohol!« Wenn der Trinker jetzt Alkohol nachschüttet, scheint das besonders gut zu tun. Je tiefer der Pegel, desto stärker das Zittern. Je stärker das Zittern, desto wertvoller der Alkohol. Je wertvoller der Alkohol, desto stärker die vermeintliche Entspannung. Ein Teufelskreis.

Was würden wir so einem Alkoholiker raten? Er sollte einmal für längere Zeit nüchtern bleiben. So könnten seine Nerven die vielen überschüssigen Beruhigungsknöpfe abbauen, und er müsste nicht mehr so viel saufen.

Stellen Sie sich vor, in Ihrem Kopf hören Sie eine Stimme: »Gib mir Alkohol!« Immer wieder hören Sie: »Gib mir Alkohol!« Von Minute zu Minute wird die Stimme lauter. Schließlich schreit sie so laut, dass Sie es kaum noch ertragen können: »Gib mir Alkohol! Gib mir Alkohol!« Schließlich geben Sie der Stimme nach, und Sie trinken ein Glas Schnaps. Die Stimme ist weg, und es herrscht wieder Ruhe. Aber nach kurzer Zeit hören Sie wieder ein leises Flüstern: »Gib mir Alkohol! Gib mir Alkohol!« Und das Flüstern wird wieder lauter. Kein Problem für Sie, denn Sie wissen ja: Sie brauchen bloß einen Schluck zu trinken, und die Stimme ist verschwunden. Möchten Sie so eine innere Stimme haben? Vermutlich nicht.

Was haben der Heroin-Junkie, der Spieler und der Pegeltrinker gemeinsam? Sie hören alle eine innere Stimme: »Gib mir Heroin!« – »Geh ins Kasino!« – »Gib mir Alkohol!« Erst ganz leise, dann immer lauter. Schließlich wird es so laut, dass sie nicht mehr anders können. Sie setzen sich eine Spritze, rennen in die Spielhalle oder fangen an zu trinken. Dann genießen sie kurz die Ruhe. Bald kommt die Stimme wieder, sie geben ihrer Sucht immer wieder nach und können doch nie genug bekommen.

Erinnert Sie das nicht an den blöden Wecker vom vergangenen Kapitel? Und kann es sein, dass es beim Rauchen ähnlich ist?

## Zusammenfassung

- Unsere Nervenzellen unterhalten sich miteinander.
- Drogen stören diese Unterhaltung.
- Alkohol zum Beispiel beruhigt unsere Nerven.
- Also müssen sich unsere Nerven an den Alkohol gewöhnen.

- Wer sich zu sehr an Alkohol gewöhnt, dem geht es ohne Alkohol schlecht.
- Also braucht auch der Trinker seine Droge nur, um sich normal zu fühlen.
- Im Kopf eines Süchtigen ruft eine Stimme immer lauter nach dem Suchtstoff.
- Sobald der Süchtige seinen Suchtstoff nimmt, ist die Stimme für einen Moment still.
- Doch bald fängt die Stimme aber wieder an zu rufen.
- Und der Süchtige muss wieder zu seinem Suchtstoff greifen.

# 10. Nikotin

Schnell hüpft unser innerer Schweinehund in seine kleine, heile Welt zurück. Der Blick über den Tellerrand hat Günter[19] ein wenig Angst gemacht. Ob er schon etwas ahnt? Nachdenklich schaut er sich an, was unsere Videokamera gefilmt hat. Schließlich schüttelt er energisch den Kopf. Das Rauchen hat er zwar nie besonders gemocht, und ab und zu rät er uns, mit dem Rauchen aufzuhören, aber dass wir nach den Zigaretten süchtig sind, glaubt er nicht. Er hält das Rauchen eher für eine dumme Angewohnheit. Hat er damit Recht?

Rauchen Sie eigentlich gerne? Mal mehr und mal weniger. Essen Sie gerne Currywurst mit Pommes? Mal mehr und mal weniger.[20] Stellen Sie sich vor, Sie dürften Ihr ganzes Leben lang so viel rauchen, wie Sie wollten. Die Zigaretten würden Sie nichts kosten, und Sie würden mit absoluter Sicherheit keine Krankheiten vom Rauchen kriegen. Würden Sie weiterrauchen? Na klar! Genauso viel wie bisher: 10, 20, 30 oder mehr Zigaretten am Tag. Jetzt stellen Sie sich bitte vor, Sie würden bis zum Rest Ihres Lebens täglich mehrere Portionen Currywurst mit Pommes essen. Es würde Sie nichts kosten, und Sie würden davon nicht krank werden. Wie widerlich! Fällt Ihnen der Unterschied auf? Beim einen liebäugeln wir mit dem ewigen Jawort, und beim anderen denken wir: Bloß nicht!

Woher kommt das? Rauchen ist nicht nur eine dumme Angewohnheit, wie wir manchmal glauben. Rauchen ist eine Sucht.

19 Oder Paula.

20 Wenn Sie Currywurst mit Pommes überhaupt nicht mögen, stellen Sie sich bitte Pralinen vor. Oder Pizza. Oder Popcorn.

Wir können von Zigaretten nie genug bekommen. Warum? Was sind eigentlich Zigaretten?

Man trocknet einige Tabakblätter und schneidet sie in kleine Streifen. Dann mischt man ein paar Chemikalien dazu und steckt das Ganze in Papierhülsen. Fertig. Wenn wir die Dinger dann anzünden, entsteht ein giftiges Rauchgemisch. Das enthält ein starkes Nervengift – nämlich das Nikotin. Es gelangt mit dem Rauch in unsere Lungen und von dort in unser Blut. Nikotin ist der eigentliche Grund, warum wir rauchen, denn Nikotin macht süchtig. Allerdings nicht, weil es sich besonders gut anfühlt. Viel eher, weil es so giftig ist, dass es unser Körper schnell wieder loswerden will. Aber der Reihe nach.

Bitte zünden Sie sich eine Zigarette an und versuchen Sie, ihren Geschmack zu beschreiben. Schwierig, nicht wahr? Der Rauch schmeckt gar nicht richtig. Es ist nur das Inhalieren, das uns für kurze Zeit gut zu tun scheint. Doch dieser seltsame Geschmack verschwindet recht schnell, er wird mit jedem Zug weniger. Eigentlich könnten wir die Zigarette nach drei Zügen wieder ausmachen. Wir sind schon irgendwie satt. Trotzdem rauchen wir bis zum Schluss weiter. Das Gefühl, satt zu sein, ist nämlich gut. Wir hoffen, dass es möglichst lange anhält. Und doch wird es bald wieder verschwunden sein. Wie kommt das?

Nikotin ist das Gift der Tabakpflanze. Es wurde nach Jan Nicot (1530–1600) benannt, einem französischen Diplomaten und Forscher, der mit dem Nikotin Experimente gemacht hat. Nikotin ähnelt ein wenig dem Acetylcholin, das fast überall im Körper als Nerven-Botenstoff vorkommt. Nikotin ist aber so giftig, dass uns bereits ein paar Milligramm töten können. Wenn wir den Rauch einatmen, verteilt sich das Nikotin in unseren Lungen. Von den Lungenbläschen wandert es ins Blut und wird nun in den ganzen Körper geschwemmt. Blitzschnell setzt es sich an den Acetylcholin-Knöpfen aller Nervenzellen fest, die es erreichen kann. Und dort macht es Ärger: Es aktiviert wahllos die Funktionen der Nerven, die es gerade erwischt hat. Unser Herz fängt an zu zappeln, der Darm rumort, im Kopf knallt es, und die Hände zittern – einem gesunden Menschen wird sofort schlecht und schwindlig. Und weil es so giftig ist, versucht unser Körper, das Zeug so schnell wie möglich wieder loszuwerden. Die Leber baut es ab, und die Nieren schwemmen es nach draußen.[21] Der Körper reinigt sich sehr schnell. Wenn wir jetzt keine Zigarette mehr rauchen, ist der Nikotinpegel schon bald wieder fast normal. Haben wir ein Glück! Doch bald meldet sich eine innere Stimme: »Es wird wieder Zeit für eine Zigarette.« Die Stimme wird immer lauter: »Zeit für eine Zigarette!« Nach einer Dreiviertelstunde zünden wir uns eine an. Wir ziehen ein paar Mal, und die Stimme ist plötzlich weg. Die ersten Züge scheinen gut zu schmecken und uns satt zu machen. Wir rauchen die Zigarette bis zum Ende. Und trotzdem meldet sich die innere Stimme nach kurzer Zeit wieder: »Zeit für eine Zigarette!« Kommt Ihnen der Klingelmechanismus bekannt vor? Was passiert da?

Wenn wir etwas essen, kann es noch so lecker sein – bald haben wir genug davon. Der Bauch ist voll, und wir können den Geschmack nicht mehr ertragen.[22] Aber beim Rauchen ist es anders:

21 Ein Grund dafür, dass so viele Raucher Nieren- und Blasenkrebs bekommen.

22 Ich musste mich als Student einmal drei Tage lang von Gulasch ernähren – es war nichts anderes da. Ich konnte danach ein Jahr lang kein Gulasch mehr sehen.

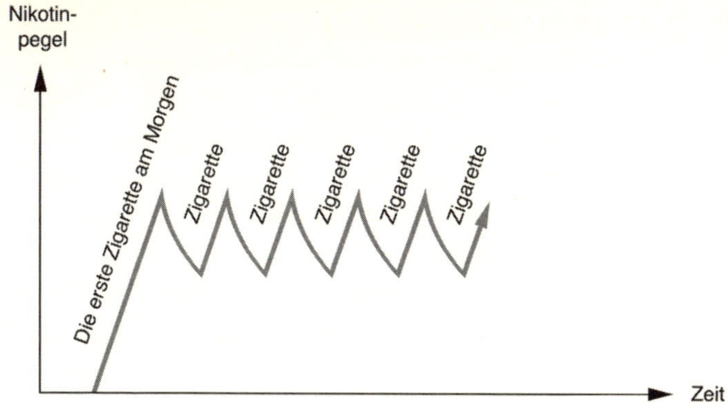


Wir rauchen seit vielen Jahren jeden Tag zwanzig Zigaretten. Und nie haben wir davon genug bekommen. Meist rauchen wir sogar jeden Tag die gleiche Marke. Und selbst wenn wir einmal zu viel geraucht haben und uns schwören, keine mehr anzurühren, haben wir trotzdem bald die nächste im Mund.

Warum nur?

## Zusammenfassung

- Wären die Zigaretten kostenlos und würden sie nicht krank machen, würden wir bis an unser Lebensende weiterrauchen.
- Nur von Suchtstoffen kann man nie genug bekommen.
- Rauchen ist eine Sucht.
- Wir sind süchtig nach Nikotin.
- Nikotin ist das Gift der Tabakpflanze.
- Mit den ersten Zügen an der Zigarette flutet das Gift in unserem Körper an, und wir fühlen uns irgendwie satt.
- Unser Körper transportiert das Gift sehr schnell wieder nach draußen.
- Nach kurzer Zeit scheint uns das Gift zu fehlen.
- Und schon wieder wollen wir eine rauchen.

# 11. Der Wildschweinwolf

Nach einer Zigarette fühlen wir uns gut, der Tag kann weitergehen. Doch nach einigen Minuten ist das gute Gefühl verschwunden. Stattdessen bekommen wir ein anderes Gefühl, das sich nur schwer beschreiben lässt. Es tut nicht weh, kitzelt nicht und drückt nirgendwo. Es ist eher eine Art innere Leere. Eine Art Hunger. Uns scheint jetzt etwas zu fehlen. Es fühlt sich ein bisschen an wie eine Leere in der Brust, wie ein seltsamer freier Platz im Bauch, und unsere Hände wissen nicht, wohin. Das Gefühl wird langsam stärker, und schon bald greifen wir zur nächsten Zigarette. Wir ziehen ein paar Mal, und das dumme Gefühl ist wieder weg. Wir denken: »Ein Glück, dass wir unsere Zigaretten haben!« Doch das ist ein Irrtum.

Erinnern Sie sich an die Trinkernerven? Die mussten sich so sehr an den Alkohol gewöhnen, dass sie sich einfach umgebaut hatten. Etwas Ähnliches passiert in unseren Rauchernerven auch. Ständig ärgert sie das giftige Nikotin. Also befehlen sie ihren Oberflächenknöpfen: »Seid nicht immer so empfindlich!« Die Knöpfe gehorchen, und sie rosten absichtlich ein bisschen ein. Jetzt muss schon verdammt viel Nikotin auf die unempfindlichen Knöpfe drücken, damit die Nervenzellen etwas spüren können. Sie sind abgestumpft. Weil aber der Körper das Gift schnell nach draußen befördert, bekommen die Nerven schon bald kein Signal mehr von ihren tauben Knöpfen. Das passt ihnen auch nicht, und sie rufen laut: »Ich kann gar nichts fühlen. Gib mir wieder ein bisschen Botenstoff!« Weil jetzt aber der normale Botenstoff nicht mehr ausreicht, brauchen wir etwas Stärkeres: Nikotin! Und schon wieder greifen wir zur Zigarette.

Erinnern wir uns an das Hin und Her in unserem Kopf: »Hör endlich auf zu rauchen!« – »Nein, rauch lieber eine Zigarette!« Woher kommen diese Stimmen? Unser innerer Schweinehund Günter[23] ist zwar ein kleiner Faulpelz, aber auch unser Freund. Er weiß, dass uns das Rauchen nicht gut tut. Also rät er uns von Zeit zu Zeit: »Hör endlich auf zu rauchen!« Aber woher kommt die zweite Stimme? Sie kommt von Günters innerem Gegenspieler, dem gemeinen Wildschweinwolf.

Der Wildschweinwolf ist ein dämonischer Monsterschweinehund, der sich vom Nikotin ernährt. Schon vor vielen Jahren, als wir einmal mit dem Rauchen angefangen haben, hat er heimlich von uns Besitz ergriffen. Er sagt uns seitdem ständig: »Rauch eine Zigarette!« Und sobald wir geraucht haben, ist er für kurze Zeit still. Dann fängt er wieder leise an zu flüstern: »Rauch eine Zigarette!« Er zupft an unseren Nerven und klopft an unsere Gedanken: »Rauch eine Zigarette!« Mit der Zeit wird er immer lauter: »Rauch eine Zigarette! Rauch eine Zigarette!« Schließlich tritt er uns ans Schienbein und zerrt uns an den Haaren in die Zigaretten-

23 Oder Paula.

pause. Dabei brüllt er uns an: »Ich will jetzt endlich meine Zigarette haben!« Wir zünden uns eine an und freuen uns darüber, wie gut das tut. Erinnert uns das nicht an etwas? Wir haben den Wecker in uns drin!

Liebe Leserinnen und Leser, darf ich Ihnen unsere Entzugserscheinungen vorstellen? Unsere tauben Nervenzellen rufen: »Gib mir wieder Botenstoff!« Sie rufen immer lauter, und nach einer Dreiviertelstunde ist es wieder soweit: Wir greifen zur nächsten Zigarette, nehmen drei oder vier tiefe Züge, und schon drückt das viele Nikotin wieder auf die eingerosteten Nervenknöpfe. Jetzt fühlen sich unsere Junkie-Nerven wieder normal: Das Loch ist weg, die Leere gestopft, und unsere Hände müssen nichts mehr halten – wir haben unseren Entzug gestillt und können uns wieder normal fühlen. Doch weil wir wieder geraucht haben, muss unser Körper wieder das viele Gift loswerden. Und schon bald bekommen wir wieder das Gefühl, dass uns etwas fehlt, und wir sehnen uns nach einer Zigarette. Doch leider wird auch die nächste Zigarette das Leeregefühl nur kurz beseitigen, um es anschließend wieder hervorzurufen.

Warum fällt es uns eigentlich so schwer, den Geschmack von Zigaretten zu beschreiben? Weil sie fast keinen Geschmack haben! Das Einzige, was uns an den Zigaretten zu schmecken scheint, ist das gute Gefühl, wenn die Entzugserscheinungen nachlassen, die ohnehin völlig undramatisch sind. Wir wollen nur an das Nikotin kommen[24] wie der nervöse Säufer an den Alkohol. Dabei hat Nikotin noch nicht mal einen angenehmen Effekt! Vom Wein kann man betrunken werden – von Zigaretten bekommen wir Kopfschmerzen. Wir freuen uns über die Zigaretten nur, weil sie den Wildschweinwolf zum Schweigen bringen. Das ist so paradox, als

24 Haben Sie schon einmal einen Filter abgebrochen, weil Ihnen die geschnorrte Zigarette zu schwach war?

würden wir uns absichtlich in die Wange kneifen, weil es so schön ist, anschließend wieder loszulassen! Wir rauchen nur, damit wir keinen Entzug mehr haben. Wir rauchen also, um uns so zu fühlen wie ein Nichtraucher. Wir schalten den Wecker aus, um unsere Ruhe zu haben, und schalten genau damit das Klingeln wieder an.

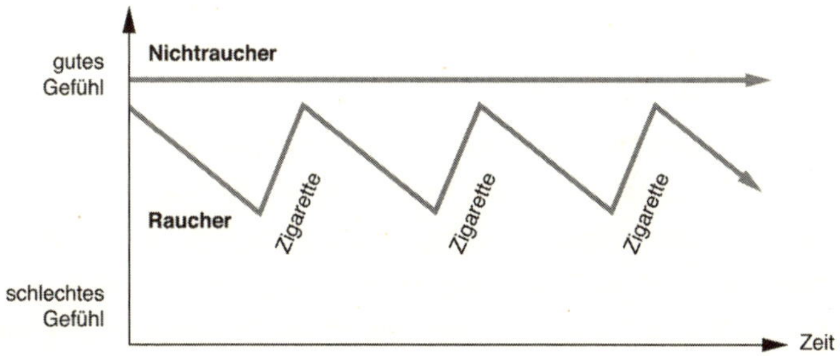


Vielleicht denken Sie jetzt: So schlimm geht es mir doch gar nicht, bevor ich eine Zigarette rauche. Da haben Sie Recht. Das dumme Gefühl tut nicht richtig weh und beeinträchtigt uns nicht wirklich ernsthaft.[25] Die Entzugserscheinungen sind nämlich sehr schwach und kaum zu spüren. Sie sind wie ein ständiger, lästiger Juckreiz, den man ab und zu automatisch wegkratzt. Wir bilden uns ein, das Kratzen helfe gegen das Jucken. Doch in Wirklichkeit juckt es nur, weil wir uns ständig kratzen! Oder zurück zum Wecker: Lassen wir den Wecker einfach zu Ende klingeln und wir hätten bald unsere Ruhe.

Hatte ich Ihnen nicht versprochen, dass Sie mit meinem Rezept so einfach zum Nichtraucher werden können, wie Sie eine Schwarzwälder Kirschtorte backen können? Wir waren bei den

25 Sie werden ganz einfach mit dem Rauchen aufhören können.

Zutaten stehen geblieben. Für den Mürbeteigboden rühren Sie bitte 125 Gramm Zucker, 250 Gramm Butter, eine Messerspitze Backpulver, 500 Gramm Mehl, ein Ei, etwas Salz, Vanille und Zitrone zusammen. Füllen Sie den Teig in eine Backform für Kuchenböden und stellen Sie alles für 20 Minuten bei 180 Grad in den Backofen. Fertig.

Sie werden sehen: Ich halte mein Versprechen.

## Zusammenfassung

- Unsere Nerven mussten sich an das giftige Nikotin gewöhnen.
- Jetzt denken sie, das Gift sei ein normaler Nerven-Botenstoff.
- Sobald unser Körper das giftige Nikotin abbaut, fühlen wir uns seltsam.
- Dieses lästige Gefühl sind ganz leichte Entzugserscheinungen.
- Sobald wir jetzt rauchen, fühlen sich unsere Nerven wieder normal.
- Zigaretten schmecken nicht wirklich, sie schalten Entzugserscheinungen ab.
- Nichtraucher haben keine Entzugserscheinungen.
- Wir rauchen also, um uns so zu fühlen wie Nichtraucher.

# 12. Gute Kippen, schlechte Kippen

Manchmal scheinen Zigaretten gut zu schmecken, manchmal schlecht. Warum?

Wie schmeckt uns zum Beispiel das Kettenrauchen? Es ist widerlich. Wir rauchen Kette, damit wir keinen Entzug spüren, und zünden uns automatisch eine nach der anderen an. Bald schon keuchen wir jämmerlich und brauchen trotzdem für kleinste Anstrengungen eine Zigarette. Telefonieren? Erst mal eine rauchen. Kaffee bestellen? Erst mal eine rauchen. Manchmal zünden wir uns sogar eine Zigarette an, obwohl im Aschenbecher noch eine glimmt.

Warum schmeckt das Kettenrauchen so schlecht? Klar: Unsere Nikotindepots sind noch fast voll, und schon liefern wir das Gift wieder nach. Der Entzug zwischen den Zigaretten ist noch so schwach, dass er uns fast nicht stört. Der Wildschweinwolf ärgert uns nur ein ganz kleines bisschen – es juckt noch gar nicht richtig, beziehungsweise es klingelt nur ganz leise. Dabei wollen wir ja eigentlich unsere Ruhe haben. Also rauchen wir Kette, sobald wir können und wollen.[26] Unsere kaputten Nerven bekommen ständig ihr Nikotin, und schon bald haben wir das Gefühl, wir hätten eine tote Ratte im Mund.[27] Wir kratzen uns wund beziehungsweise drücken ständig auf den Knopf.

26 Zum Beispiel auf einer Party, wenn wir Alkohol getrunken und uns nicht mehr ganz im Griff haben. Übrigens ist Alkohol ein Betäubungsmittel – bis zum nächsten Morgen spüren wir gar nicht, welche Kopfschmerzen wir vom Rauchen bekommen.

27 Kennen Sie Ihren Mundgeruch am Morgen, nachdem Sie einen ganzen Abend durchgeraucht haben?

Wie schmecken uns Zigaretten, die wir im Abstand von einer Dreiviertelstunde rauchen? Sie sind schon besser.[28] Der Nikotinspiegel ist inzwischen deutlich gesunken, und der Wildschweinwolf fängt schon an zu meckern: »Rauch eine!« Wir zünden uns eine an und bringen ihn zum Schweigen. Nach drei Zügen ist er satt, und wir haben unsere Ruhe. Ein bisschen kratzen, und schon juckt es nicht mehr. Wir drücken erst auf den Knopf, wenn der Wecker zu laut wird.

Und wenn wir ein paar Stunden auf die Zigaretten warten müssen? Wenn der Kinofilm zweieinhalb Stunden dauert oder sich die Besprechung ewig hinzieht? Der Wildschweinwolf brüllt uns an: »Ich will endlich wieder Nikotin!« Es juckt so stark, dass wir uns unbedingt richtig kratzen müssen. Der Wecker lärmt in unseren Ohren, und wir sehnen uns danach, ihn abzustellen. Wir zünden uns eine Zigarette an und genießen jeden Zug – eine vermeintlich herrliche Super-Zigarette. Sie füllt unsere leeren Nikotinspeicher wieder ganz auf, und das dumme Vieh hält endlich seine Klappe. Diese Ruhe tut gut.

Aber Achtung: Welche Zigarette ist besonders stark? Die allererste am Tag. Egal, ob wir sie direkt nach dem Aufstehen, nach dem Frühstückskaffee oder erst am Nachmittag rauchen. Der Wildschweinwolf hat uns ein paar Stunden in Ruhe gelassen, und unsere Nerven konnten sich ein wenig erholen – bis wir uns wieder mit dem giftigen Nikotin zuballern. Vielen Rauchern schmeckt diese erste Zigarette des Tages gar nicht.[29] Sie schmeckt

28 Dreimal dürfen Sie raten, warum die Tabakindustrie etwa 20 Zigaretten in die Päckchen füllt. Wir sollen einen ganzen Tag lang rauchen können!

29 Wenn Ihnen die erste Zigarette des Tages gut schmeckt, können Sie trotzdem sicher bestätigen, dass sie die stärkste Zigarette des Tages ist. Ließen Sie noch mehr Zeit bis zur ersten Zigarette vergehen, würde sie immer stärker werden.

grausam und ist eigentlich viel zu stark. Es juckt schon gar nicht mehr, und wir kratzen uns trotzdem!

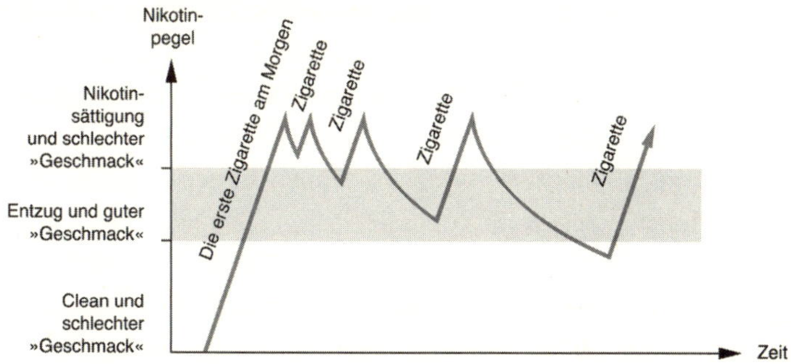


Moment! Wo war denn der Wildschweinwolf in der Nacht? Kann es sein, dass die Entzugserscheinungen beim Rauchen so schwach sind, dass wir trotz Entzug problemlos schlafen können?[30] Wahrscheinlich. Wir können uns ja auch in ein Flugzeug setzen und um die halbe Erdkugel fliegen, ohne dass wir dabei rauchen müssen.[31] Und wie schmeckt die erste Zigarette nach einem Langstreckenflug? Auch stark. Und wenn wir drei Tage lang krank waren und nicht rauchen konnten?[32] Pfui bah! Uns wird schwindlig und schlecht. Das Herz zappelt wieder, der Darm spielt verrückt, die Hände zittern, und der Kopf dröhnt. Der Nikotinspiegel war mittlerweile schon so niedrig, dass unsere Nerven wieder richtig empfindlich wurden und das Loch in der Brust schon gar nicht mehr da

30 Falls Sie auch nachts regelmäßig Zigarettenpausen machen, rauchen Sie beim Aufwachen mal keine Zigarette. Sie werden sehen: Es geht!

31 Wer so etwas zum ersten Mal macht, hat vielleicht ein mulmiges Gefühl. Er raucht vorher am Flughafen drei Zigaretten hintereinander. Sobald er aber im Flugzeug sitzt und einfach nicht rauchen darf, ist es kein Problem mehr.

32 Wenn Sie noch nie in einer solchen Situation waren, glauben Sie mir einfach.

war. Der Wildschweinwolf hat seine Klappe gehalten – bis wir ihm wieder Nikotin gegeben haben. Das Jucken ist weniger geworden, bis wir wieder gekratzt haben. Das Weckerklingeln war schon viel leiser, bis wir wieder auf den Knopf gedrückt haben und es wieder laut gemacht haben.

Wir rauchen nur, um die Entzugserscheinungen abzustellen. Also warum scheinen die einen Zigaretten gut und die anderen schlecht zu schmecken? Weil der Entzug unterschiedlich stark ist: Leichter Entzug, schlechter Geschmack. Starker Entzug, guter Geschmack. Nüchternheit, schlechter Geschmack. Wir dürfen die Zigaretten nicht zu kurz hintereinander rauchen und dazwischen auch nicht zu viel Zeit vergehen lassen. Zigaretten scheinen nur in einem sehr engen Zeitbereich zu schmecken. Wie sinnlos!

Zeit für ein kleines Zwischenresümee: Nachdem wir eine Zigarette geraucht haben, bekommen wir bald das Gefühl, wir sollten noch eine rauchen. Also rauchen wir die nächste Zigarette. Doch nach kurzer Zeit kommt das Gefühl zurück, und schon wieder wollen wir rauchen. Also rauchen wir eine und wissen doch: Das lästige Gefühl wird wiederkommen, und wir werden wieder eine rauchen. Das ist eine Kettenreaktion. Wir stecken seit vielen Jahren jeden Tag in einer unnützen Kettenreaktion fest. Jede Nacht, wenn wir schlafen, unterbrechen wir sie. Und jeden Morgen setzen wir sie mit der ersten Zigarette wieder in Gang. Nur damit wir uns so fühlen können, wie sich ein Nichtraucher immer fühlt.

Lieber Raucher, Sie müssen mit dem Rauchen gar nicht aufhören. Hören Sie nur auf, jeden Tag neu damit anzufangen! Dazu später mehr.

## Zusammenfassung

- Zigaretten scheinen unterschiedlich zu schmecken.
- Kettenrauchen ist widerlich.
- Wenn wir ein wenig abwarten, scheinen die Zigaretten besser zu werden.
- Wir können problemlos schlafen, ohne zu rauchen.
- Nach ein paar Stunden Abstinenz sind Zigaretten wieder sehr stark.
- Also scheinen Zigaretten nur in einem engen Zeitkorridor zu schmecken.
- Der »Geschmack« ist nur das Abstellen der Entzugserscheinungen.
- Rauchen ist eine Kettenreaktion.
- Mit jeder ersten Zigarette des Tages setzen wir die Kettenreaktion in Gang.
- Wir müssen also gar nicht aufhören zu rauchen.
- Fangen wir nur nicht jeden Tag neu damit an!

# 13. Das teure Dilemma

Unser innerer Schweinehund ist nachdenklich geworden. Oh ja, er kennt den Wildschweinwolf. Das nervöse Borstenvieh geht ihm schon lange auf die Nerven. Seine modrigen Ausdünstungen stinken wie eine Kneipe am Morgen. Und wenn der Wildschweinwolf sein Maul öffnet und »Rauch eine Zigarette!« brabbelt, füllt sich die Luft mit muffigen Abgasen. Man sieht lauter faule Zähne mit gelben Schlieren. Meistens kann sich unser guter Günter mit dem Monster arrangieren. Er ignoriert es, bis es zu penetrant wird: »Rauch doch eine Zigarette! Rauch endlich wieder eine Zigarette!« Dann lässt er den Wildschweinwolf gewähren und rät uns: »Gib ihm einfach, was er will – dann hast du wieder deine Ruhe.«

Ab und zu wird der Terror besonders gemein. Zum Beispiel, wenn wir uns konzentrieren müssen. Oder wenn wir Stress haben. Oder wenn uns langweilig ist. Oder wenn wir uns entspannen wollen. Kommt uns das bekannt vor? Das sind die Situationen, in denen wir automatisch zur Zigarette greifen! Immer wenn wir über etwas Wichtiges nachdenken, wenn wir ein anstrengendes Gespräch führen, wenn wir im Stau stehen oder den Feierabend beginnen – wir rauchen eine Zigarette. Doch was ist so schlimm daran, wenn wir uns mal konzentrieren oder ein Problem lösen müssen? Warum können wir uns ohne Zigarette nicht einfach so entspannen? Weil uns dabei immer diese innere Stimme quält: »Gib mir erst mal eine Zigarette!« Dann geben wir dem stinkenden Monster sein Nikotin und wollen dabei eigentlich nur unsere Ruhe haben. Wäre es nicht viel schöner, wenn wir immer unsere Ruhe hätten? Ein Nichtraucher findet all diese Vergiftungsgründe ziemlich seltsam.

Kann es also sein, dass uns Zigaretten gar nicht entspannen, sondern dass wir ohne sie ständig angespannt sind? Sind wir vielleicht Schwächlinge, die ohne Nikotin keine Leistung mehr bringen können? Ist es möglich, dass die Zigaretten gar nicht unsere Langeweile beseitigen, sondern die Langeweile dadurch hervorrufen, dass wir das Nichtstun als unangenehm empfinden?[33]

Wir haben ein großes Problem: Wir müssen dauernd rauchen, weil unser innerer Nikotinwecker jede Stunde nach einer Portion Nervengift schreit. Außerdem erleben wir jeden Tag lauter Situationen, in denen uns das besonders stört. Wir stecken in einer unnötigen und potenziell tödlichen Kettenreaktion fest. Dabei brauchen wir die Zigaretten überhaupt nicht!

Und wir bezahlen dafür sogar noch viel Geld: Denn mit der ersten Zigarette des Tages setzen wir leider auch eine finanzielle Kettenreaktion in Gang. Sobald wir die ersten zwanzig Cent in den Mund stecken, werden wir vier, fünf oder sechs Euro verqualmen – eben je nach Höhe unserer persönlichen Tagesdosis.[34] Eine Zigarette heißt dann zehn Zigaretten oder zwanzig, dreißig, vierzig. Wie viel kostet uns das Rauchen jeden Tag? Wie viel Geld haben uns die ersten Zigaretten als Jugendliche bis heute gekostet? Wie teuer war unser letzter Ausrutscher?

Wir reden uns immer ein, dass wir uns das Rauchen leisten können. Aber machen wir doch ein einfaches Rechenbeispiel: Ein typischer Raucher verqualmt 50 Jahre lang jeden Tag eine Schachtel Zigaretten. Vor einigen Jahren haben die Kippen noch drei

33 Vergleichen Sie mal Nichtraucher und Raucher, wenn sie am Bahnhof auf einen verspäteten Zug warten. Der Nichtraucher kann sich einfach gemütlich hinsetzen und in Ruhe eine Zeitung lesen. Der Raucher muss sich eine Schachtel Zigaretten kaufen und nervös eine nach der anderen wegqualmen.

34 Als ich vor kurzem in der Schlange zu einer Karnevalsveranstaltung stand, verrauchte die junge Dame vor mir in der kurzen Zeit einen ganzen Euro. Ob sie ihre Wartezigaretten zum Eintrittspreis dazurechnet?

Mark gekostet. Da kamen im Jahr etwa 1000 Mark zusammen. Rechnen wir ganz naiv 50 mal 1000 Mark und lassen Preissteigerungen, Inflation oder eventuelle Renditen außer Acht: Wir kommen auf 50 000 Mark im Leben. Und das waren noch rosige Zeiten![35] Wenn wir mit 4,50 Euro rechnen, kommen wir schon auf etwa 1600 Euro im Jahr und auf 80 000 Euro im Leben – das sind 160 000 Mark!

Sie denken vielleicht: »So kann man nicht rechnen, schließlich höre ich eines Tages mit dem Rauchen auf.« Bitte seien Sie ehrlich. Wie viele Zigarettenpreiserhöhungen haben Sie schon stillschweigend in Kauf genommen? Unser Motto lautet doch: Zähneknirschen und weiterrauchen! Dabei haben wir es ja noch gut. In England kosten die Zigaretten schon sieben Euro, in Norwegen acht – und dort gibt es genauso viele Raucher wie hier. Ich vermute, auch wir würden uns noch viel mehr gefallen lassen. Oder sagen wir uns: Wenn die Zigaretten eines Tages dann neun Euro kosten, hören wir bestimmt damit auf? Hahaha.

Übrigens: Lassen Sie sich von einem Finanzberater mal erklären, was Ihnen verschiedene Geldanlagen einbringen, wenn Sie dafür 50 Jahre lang täglich 4,50 Euro hinlegen. Sie wären bald um Hunderttausende reicher!

Die Frage ist also nicht, ob wir uns das Rauchen leisten können, sondern ob wir es uns überhaupt leisten wollen.

## Zusammenfassung

- Wir rauchen, wenn wir uns konzentrieren müssen.
- Wir rauchen, wenn wir Stress haben.
- Wir rauchen, wenn uns langweilig ist.

35 Haben Sie nicht auch den Eindruck, dass die Tabakindustrie im Windschatten der Tabaksteuern immer die Preise erhöht?

- Wir rauchen, wenn wir uns entspannen wollen.
- In diesen Situationen stören uns die Entzugserscheinungen am meisten.
- Also machen Zigaretten unkonzentriert, leistungsschwach und nervös.
- Nichtraucher brauchen keine Zigaretten.
- Rauchen ist eine Kettenreaktion, die jeden Tag wieder neu beginnt.
- Rauchen ist auch eine finanzielle Kettenreaktion.
- Dabei verrauchen wir jeden Tag ein paar Euro.
- Über die Jahre kommen so Zigtausende Euro zusammen.
- Seit Jahren steigen die Zigarettenpreise.
- Wir akzeptieren das stillschweigend.
- Die Preise werden weitersteigen.
- Machen wir doch einfach nicht mehr mit!

## 14. Reif für die Insel?

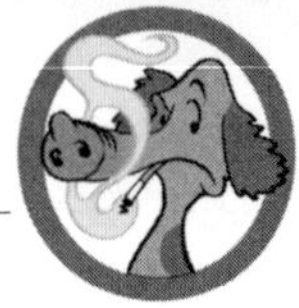

Gönnen wir uns eine Verschnaufpause. Wenn Sie dabei eine Zigarette rauchen wollen, zünden Sie sich ruhig eine an – bald werden Sie das nicht mehr brauchen. Ich habe Ihnen in den vergangenen Kapiteln sehr viel zugemutet: Wir haben eines Tages mühsam das Rauchen gelernt, weil wir cool sein wollten. Dabei sind wir drogenabhängig geworden, und jetzt tyrannisiert uns ein stinkender Nikotin-Dämon, der zu jeder Gelegenheit einen Schuss Nervengift haben will. Wir müssen rauchen, damit das dumme Vieh seine Klappe hält. Und dabei verbrennen wir unser gutes Geld, nur damit wir uns so fühlen können wie ein Nichtraucher. Finden Sie auch, dass wir uns auf den Schreck einen kleinen Urlaub verdient haben?

Begeben wir uns auf eine Gedankenreise. Stellen Sie sich vor, Sie machen Urlaub auf einer wunderschönen Südseeinsel. Sie liegen faul am Strand, und die sanfte Abendsonne wärmt Ihnen die entspannten Glieder. Vor ein paar Monaten haben Sie Ihre letzte Zigarette geraucht. Sie hätten damals nie geglaubt, dass es so einfach sein würde, zum Nichtraucher zu werden. Ihr Zigarettengeld haben Sie gespart, und nun gönnen Sie sich diese Reise – unglaublich, wie schnell Sie dafür das Geld zusammenhatten. Ihr ständiger Husten ist verschwunden, und Sie atmen wieder jeden Tag frische Luft. Sie spüren neue Energie durch Ihren Körper fließen und haben wieder eine gesunde Gesichtsfarbe. Sogar die ersten Raucherfalten haben sich geglättet, und Ihre Zähne strahlen wieder fast weiß.

Dank Ihrer Bombenkondition haben Sie gerade den dicken Hotelnachbarn im Beach-Volleyball besiegt. Nun schlürfen Sie genüsslich einen erfrischenden Drink, und Sie sehen sich zufrieden um: weißer Strand, warmer Sand, türkisfarbenes Wasser – Sie sind in einem Paradies. Am Horizont fliegen zwei bunte Papageien um die Wette, und in den Palmen zwitschern exotische Vögel dem Sonnenuntergang entgegen. Sie haben sich schon seit Jahren nicht mehr so wohl gefühlt.

Früher hätten Sie hier eine Zigarette nach der anderen geraucht. Sie wären phlegmatisch im Liegestuhl gelegen und hätten den feinen Sand in einen dreckigen grauen Aschenbecher verwandelt. Heute kämen Sie niemals auf die Idee, einen so wunderbaren Moment durch giftige Rauchwolken zu zerstören.

Sie fangen an zu träumen: Wäre es nicht herrlich, eine eigene Südseeinsel zu besitzen? Sie könnten jeden Tag in Ihrem Paradies verbringen. Vielleicht machen Sie sogar ein eigenes Hotel auf und feiern jeden Abend ein rauschendes Fest mit Ihren Gästen. Stellen Sie sich vor, wie Sie in der lauen Abendluft auf Ihrer Hotelterrasse stehen. Glückliche Gesichter lachen Sie an, im Hintergrund spielt Musik, und man bringt Ihnen etwas zu trinken. Ein perfekter Abend.

Einige Gäste tuscheln darüber, dass Sie es geschafft haben, mit dem Rauchen aufzuhören, und ein paar Raucher werfen Ihnen neidische Blicke zu. Sie erinnern sich: Früher hätten Sie an einem solchen Abend eine nach der anderen geraucht. Sie hätten wahrscheinlich auch zu viel Alkohol getrunken und wären am nächsten Morgen hustend und mit erbärmlichen Kopfschmerzen aufgewacht. Doch jetzt stehen Sie locker unter Ihren Gästen und unterhalten sich angeregt. Sie brauchen sich keine Sorgen mehr um Ihren Mundgeruch zu machen und haben beide Hände frei. Sie können Ihre Worte frei mit Gesten untermalen und Freunde umarmen. Dass es so schön sein würde, beide Hände frei zu haben, hätten Sie nie geglaubt.

In letzter Zeit geht es Ihnen so gut wie noch nie. Sie fühlen sich frisch, gesund und ausgeglichen. Alles geht Ihnen locker von der Hand, und Ihr Leben fließt in warmer Harmonie. Selbstsicher und offen gehen Sie auf andere Menschen zu und erleben sich als festen Teil einer großen, freundlichen Gemeinschaft. Sie haben einen sicheren Platz in der Welt und fühlen sich niemals allein. Ihr Dasein hat einen tiefen Sinn, und Ihre Zukunft liegt wie ein wunderschöner Garten vor Ihnen. Sie freuen sich auf jeden Tag, den Sie darin verbringen dürfen.

Bitte nehmen Sie sich jetzt ein paar Minuten Zeit. Schließen Sie gleich Ihre Augen, und denken Sie an Ihr neues Leben. Träumen Sie einen Traum, in dem Sie sich alles gönnen, was Sie immer schon haben wollten. Akzeptieren Sie keine Grenzen und glauben Sie an sich selbst. Träumen Sie Farben, Düfte und Klänge. Träumen Sie von Berührungen, von Wärme und Zufriedenheit. Und wenn Sie wieder aufwachen wollen, dann gleiten Sie sanft zurück ins Hier und Jetzt. Schließen Sie nun Ihre Augen.

## Zusammenfassung

- Rauchen ist frustrierend.
- Es ist kinderleicht, zum Nichtraucher zu werden.
- Sie werden viel Geld sparen.
- Sie werden wieder frische Luft atmen.
- Sie werden voller Kraft und Energie sein.
- Sie werden jünger aussehen.
- Sie werden mutig und selbstbewusst sein.
- Sie werden sich frei und stark fühlen.
- Sie werden beliebt sein.
- Sie werden ein Teil einer großen Gemeinschaft sein.
- Ihr Leben wird einen tiefen Sinn haben.
- Ihre Zukunft wird wie ein schöner Garten vor Ihnen liegen.
- Gönnen Sie sich Ihr Glück!

## 15. Das große Geld

Na? War die Gedankenreise schön?

Falls Sie noch ein wenig verträumt sind und nach Orientierung suchen: Sie lesen gerade ein spannendes Buch und sind unterwegs in ein neues Leben. Sie möchten die dreckigen Zigaretten loswerden und erfahren hier, wie das am besten geht. Zuletzt hatten wir uns mit den biologischen Hintergründen einer Sucht beschäftigt. Dann hatten wir herausgefunden, dass wir uns andauernd selbst einreden, die Giftstäbchen zu brauchen.[36] Und wir haben uns darüber geärgert, dass das Rauchen so teuer ist. Nun widmen wir uns der Frage: Wer bekommt denn das viele Geld, das wir für unsere Sucht ausgeben?

Herzlich willkommen in der Welt der Wirtschaft! Hier dreht sich alles darum, wie man möglichst einfach möglichst viel Geld verdient. Am besten produziert man ein Superprodukt, das man dann teuer verkauft. Das Produkt sollte sehr günstig herzustellen sein und nur wenig Platz brauchen. Es sollte hohe Stückzahlen erreichen, irre Umsätze schaffen und riesige Gewinne abwerfen. Vielleicht hätte das Produkt ja schon ein paar Millionen feste Kunden auf der Welt, die dafür in kleinen Raten fast jeden Preis bezahlen?

Das Produkt sollte natürlich nicht allzu lange halten. Vielleicht sollte man es sogar jeden Tag ganz aufbrauchen? Die Kunden müssten dann natürlich sofort ein schlechtes Gefühl oder sogar Panik bekommen, damit sie es gleich nachkaufen. Wir bräuchten

36 In den kommenden Kapiteln werden Sie hierzu noch einiges erfahren.

perfekte Vertriebsstrukturen: Man müsste unser Produkt überall bekommen können – in jedem Supermarkt, jeder Kneipe und an jeder Straßenecke.

Wie könnten wir die Kunden mit aller Macht an uns binden? Wir müssten ihre Gedanken manipulieren! Vielleicht dürften wir für unser Produkt ja Werbung machen? Wir könnten den Kunden einreden, dass sie alle schöne Frauen und tolle Kerle sind – das würde ihnen bestimmt schmeicheln. Vielleicht würden sie dann sogar selbst glauben, dass sie unser Produkt gerne mögen, obwohl sie es immer wieder loswerden wollen? Und wenn ihnen mal jemand die Wahrheit erzählt, würden sie sich – und das Produkt – bis aufs Messer verteidigen. Wir müssten jetzt nur noch verbreiten lassen, dass man unser Produkt das ganze Leben lang braucht und dass jeder schrecklich leiden muss, der das nicht glaubt. Die armen Kundentrottel würden immer brav weiterkaufen.

Und wenn unser Produkt sogar gefährlich wäre? Stellen wir uns mal vor, die Kunden fühlen sich immer schlapp? Oder jeder Zweite wird krank und jeder Vierte stirbt daran? Wir müssten einfach ein paar Wissenschaftler dafür bezahlen, dass sie das Gegenteil behaupten! Das würde dann unser Gewissen beruhigen und die Kunden in Sicherheit wiegen.

Wenn uns aber die Kundschaft wegstirbt wie die Fliegen, bräuchten wir ständig Kundennachschub – am besten besonders naive Neukunden, denen wir lauter Märchen erzählen können. Vielleicht Kinder und Jugendliche? Wir könnten ihnen einreden, dass man mit unserem Produkt schneller erwachsen wird. Vielleicht stellen wir dazu einfach in der Nähe von Schulen große Werbeplakate auf? Zum Beispiel an den Bushaltestellen. Oder wir schicken lauter nette Leute zu den Jugendlichen, damit sie ihnen ein paar Probierproben schenken. Wir könnten auch überall unseren Produktnamen draufschreiben: auf Schuhe, Notizblöcke, Sonnenschirme oder Formel-eins-Autos. Die Kinder würden unser Produkt bestimmt bald alle haben wollen und die Warnungen unserer kranken und sterbenden Altkunden nicht ernst nehmen. Und wenn die Kinder dann endlich süchtig sind, müssten auch sie ihr Leben lang jeden Tag bei uns einkaufen. Sie würden sich dumm und dämlich bezahlen. Bis auch sie wegsterben wie die Fliegen.

Und damit unser gefährliches Suchtprodukt nicht eines Tages verboten wird, müssten wir immer brav ein paar Politiker zum Essen einladen. Vielleicht geben wir ja der Regierung ein wenig von unserem leicht verdienten Geld ab? Eine Hand wäscht schließlich die andere.

Aber zum Glück gibt es so ein Teufelsprodukt nicht. Oder vielleicht doch?

## Zusammenfassung

- Zigaretten lassen sich billig herstellen.
- Zigaretten lassen sich teuer verkaufen.
- Weltweit rauchen viele Hunderte Millionen Menschen.
- Raucher brauchen jeden Tag Zigaretten.
- Zigaretten kann man überall kaufen.
- Zigaretten sind legale Drogen.
- Der Staat verdient am Rauchen mit.
- Rauchen macht krank.
- Raucher schaffen es oft nicht, mit dem Rauchen aufzuhören.
- Also werden sie krank und sterben daran.
- Nun werden wieder Kinder zu Rauchern gemacht.
- Wenn sie süchtig sind, rauchen sie jahrelang.
- Die Zigarettenindustrie verdient Milliarden.

# 16. Vom Bimmeln und Sabbern

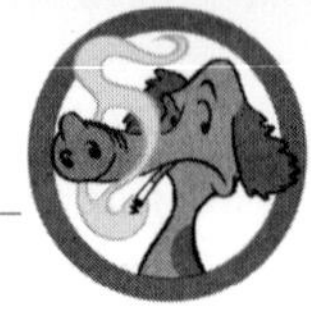

Unser innerer Schweinehund reibt sich die Augen. Die Videokamera hat ihm einen interessanten Überblick verschafft. Obwohl er schon vorher gewusst hat, dass man mit den Zigaretten viel Geld machen kann, ist er jetzt doch ein wenig überrascht. Er hatte bislang gar nicht bemerkt, dass sich alles so logisch zusammenfügt.

Und wie war das mit der Manipulation von Gedanken? Günter ist jetzt schrecklich neugierig. Also schnell zum nächsten wichtigen Thema: Wie bringt uns die Zigarettenwerbung zum Rauchen?

Es war einmal ein berühmter russischer Forscher, der Iwan Petrowitsch Pawlow (1849–1936) hieß. Er beobachtete, wie sich Menschen und Tiere verhalten. Eines Tages dachte er sich ein spannendes Experiment aus: Kurz bevor er seine Hunde fütterte, läutete er jedes Mal mit einer Glocke. Die Hunde lernten sehr schnell. Glockenläuten bedeutete, dass sie gleich etwas zu fressen bekamen. Also tropfte ihnen bald vor lauter Freude der Speichel aus dem Maul, sobald sie die Glocke hörten. Herr Pawlow bimmelte, die Hunde sabberten – Bimmelbimmel, Sabbersabber. Herr Pawlow hatte im Kopf der Hunde zwei Dinge miteinander verbunden, die nichts miteinander zu tun hatten: Glocke und Fressen. Diese Verknüpfung nannte er Konditionierung.

Dann probierte Herr Pawlow etwas anderes aus: Er läutete zwar weiterhin die Glocke, gab aber den Hunden hinterher kein Fressen mehr. Er fütterte sie nun unabhängig von der Glocke. Wie reagierten die Hunde? Jedes Mal, wenn er läutete, sabberten die Hunde wieder. Sie schienen nicht zu bemerken, dass sie nach dem Läuten nichts mehr zu fressen bekamen. Auch viele Monate später sabberten die Hunde immer noch drauflos, sobald sie eine Glocke hörten. Die Konditionierung war sehr fest.

Werbung funktioniert genau wie die Konditionierung von Pawlows Hunden: sie schafft eine künstliche Verknüpfung im Kopf. Werbung zeigt etwas Schönes oder Aufregendes und verbindet es mit einem Produkt und einer Marke. Kennen Sie die berühmte Eiswerbung im Kino? Ein paar glückliche junge Leute tanzen am Strand, flirten miteinander und essen dabei ein Eis. Der potenzielle Kunde lernt nun, dass Eisessen am Strand eine tolle Sache ist und dass Eisesser jung und glücklich sind und Erfolg beim anderen Geschlecht haben. Sein Gehirn speichert die Verknüpfungen ab und erinnert sich bei Gelegenheit wieder daran: Scheint draußen die Sonne? Liegen wir am Baggersee oder am Strand? Sehen wir junge Leute und viel nackte Haut? Dann fehlt uns nur noch das Eis! Und schon geht's wie ferngesteuert zum nächsten Kiosk. Die Eiswerbung hat uns einen Bimmel-Sabber-Reflex antrainiert.

Und wie funktioniert Zigarettenwerbung? Sie konditioniert uns genau so. Sie redet uns ständig ein, dass Rauchen eine prima Sache ist und Zigaretten zu jeder Situation passen: Ein lässiger Typ räkelt sich entspannt auf einer Liege und raucht dabei eine Zigarette. Ein halb nacktes Pärchen turtelt am Rand eines Schwimmbeckens und raucht. Ein glücklicher Raucher trinkt genüsslich einen Kaffee. Wir verbinden in unserem Kopf ständig Dinge, die nichts miteinander zu tun haben: Entspannung und Rauchen, Sex und Rauchen, Kaffee und Rauchen. So lange, bis wir es selbst glauben.

Wir rauchen zum Kaffee, wir rauchen beim Flirten, und wir rauchen beim Warten. Wir zünden uns die meisten Zigaretten völlig automatisch an und denken uns nichts mehr dabei. Doch leider werden wir seit vielen Jahren manipuliert. Die Verknüpfungen in unserem Kopf sind schon so fest, dass wir sie sogar für unsere eigenen Gedanken halten. Aber ein Nichtraucher braucht in all diesen Situationen überhaupt keine Zigaretten! Denn Kaffeetrinken hat überhaupt nichts mit Rauchen zu tun, Flirten geht ohne Mundgeruch besser, und Warten ist ohne Zigaretten viel entspannender! Die Zigarettenwerbung hat uns lauter dumme Bimmel-Sabber-Reflexe antrainiert. Man nennt so etwas auch Gehirnwäsche.

Vielleicht denken Sie: Ich bin doch kein Hund, der das Sabbern anfängt, sobald irgendwer eine Glocke läutet! Natürlich nicht. Bewusst fallen wir auf Werbung nicht mehr herein. Aber leider immer noch häufig unbewusst: Denn bitte denken Sie an Ihren inneren Schweinehund. Der glaubt fast alles, was man ihm erzählt – vor allem solange er noch jung ist. Die Werbung läutet mit der Glocke, und wir sabbern nach Zigaretten. Guten Appetit.

## Zusammenfassung

- Pawlow läutete eine Glocke und fütterte danach seine Hunde.
- Die Hunde fingen bald an zu sabbern, sobald sie die Glocke hörten.
- Er hatte in den Gedanken der Hunde zwei Dinge verbunden, die vorher nichts miteinander zu tun hatten – Glocke und Fressen.
- Diese Verbindung nennt man Konditionierung.
- Werbung verknüpft schöne Bilder oder Geschichten mit einem Produkt und einer Marke.
- Auch Zigarettenwerbung verknüpft in unserem Kopf lauter Dinge mit dem Rauchen, die gar nichts damit zu tun haben: Entspannung, Sex, Stress, Warten, Kaffee und so weiter.
- Unbewusst glauben wir der Werbung bzw. der Verknüpfung.
- Wir halten das Rauchen in vielen Situationen für normal und werden dabei eigentlich von der Werbung manipuliert.

# 17. Systematische Volksverdummung

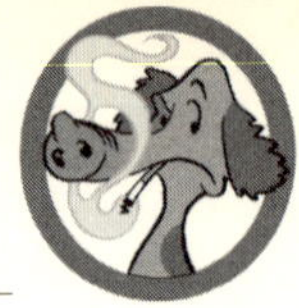

Ist es nicht seltsam, wofür Zigaretten alles gut sein sollen? Zur Entspannung und zur Anregung. Zur Verdauung und als Appetitzügler. Als Erotikstütze und Denkbeschleuniger. Stellen Sie sich vor, Sie gehen in die Apotheke und bekommen ein und dasselbe Medikament gegen Haarausfall, Vergesslichkeit, Mundgeruch und Lungenkrebs. Würden Sie dem Apotheker glauben? Natürlich nicht![37] Wir wissen instinktiv, dass da etwas nicht stimmen kann – unsere Intelligenz fühlt sich auf den Schlips getreten. Aber unser innerer Schweinehund kümmert sich nicht um unsere Intelligenz. Er ist ein naives Wesen, das alles glaubt, was man ihm sagt.

Lässige Abenteurer rauchen am Lagerfeuer. Sexy Schönheiten bieten sich gegenseitig Zigaretten an. Smarte Supertypen blicken allwissend in die Ferne, und aus ihrer Zigarette steigen ästhetische Rauchsäulen auf. Wären wir nicht auch gerne verwegene Abenteurer, beliebte Flirtprofis und schicke Kosmopoliten? In unserem Kopf verknüpfen wir die schönen Szenen mit der Zigarette, und schon ist es passiert: Rauchen entspannt, Rauchen ist sexy, und Raucher sind starke Persönlichkeiten.

Kommt uns das alles nicht bekannt vor? Die Werbung bestätigt all die Vorurteile, die wir ohnehin schon übers Rauchen haben. Das Gift wird als Kultur verkleidet. Könnte es sein, dass sich eigentlich die Werbung all die schönen Gründe ausgedacht hat, damit wir rauchen sollen? Schließlich plappern wir auch sonst sehr

37 Wir würden vermuten, dass er uns ein Placebo andrehen will, also ein Scheinmedikament ohne wirksame Inhaltsstoffe.

oft nach, was uns die Werbung vorplappert – pardon – plappert unser innerer Schweinehund nach, was ihm die Werbung vorplappert. Die Werbung bimmelt mit der Glocke, und Günter denkt ans Rauchen: Sabbersabber. Dass uns das krank macht, ist den Konzernen egal – wir sollen schließlich süchtig werden, damit wir möglichst viele Zigaretten kaufen. Wir werden sogar so geschickt manipuliert, dass wir immer brav von selbst erklären, wie gerne wir rauchen. Wir tun dann so, als könnten wir entscheiden, ob wir rauchen wollen oder nicht, während mittlerweile sogar ein Blinder sieht, dass uns der Dreck nicht gut tut und wir einfach nicht mehr davon loskommen. Unsere engsten Freunde und Verwandten machen sich Sorgen um uns, und wir klopfen tapfer Werbesprüche. Wie traurig.

Rauchen macht Spaß, schmeckt gut, entspannt uns, verkürzt Pausen, hilft beim Denken, sieht gut aus und macht sympathisch. Mittlerweile ist uns klar, dass ein Nichtraucher all diese Vergiftungsgründe ziemlich seltsam findet. Wenn er an einer Zigarette zieht, muss er nur husten, und ihm wird schlecht. Er kann im Rauchen keinerlei Vorteil für sich entdecken. Seine gesunden Nerven brauchen kein Nikotin. Unsere kranken Junkie-Nerven brauchen es leider immer. Sobald wir also fertig geraucht haben, transportiert unser Körper das Gift wieder nach draußen, und unseren Nerven fehlt etwas. Wir bekommen wieder das dumme Leeregefühl in der Brust, und der Wildschweinwolf fängt an zu brabbeln: »Rauch doch eine Zigarette, ich will Nikotin!« Wir greifen zur nächsten Zigarette und haben für ein paar Minuten unsere Ruhe. Doch dann geht es schon wieder los: »Rauch doch eine Zigarette, ich will Nikotin!« Und schon wieder müssen wir rauchen.

Dabei werden wir nur für dumm verkauft! Milliarden-Konzerne drehen uns giftige Drogen an und verpassen uns dazu noch eine gehörige Gehirnwäsche. Kein Mensch braucht Zigaretten – auch Sie nicht! Wir grapschen unser ganzes Raucherleben wie kleine Kinder nach einem giftigen Drogenlutscher, den wir gar nicht brauchen. Dabei wollen wir uns eigentlich nur so fühlen wie ein Nichtraucher – nämlich ohne Entzugserscheinungen! Und wir kommen uns sogar noch groß und schick dabei vor, weil wir uns das einreden lassen. Ist das nicht peinlich?

Überall sehen wir Zigarettenwerbung: auf der Litfaßsäule an der Ampel, auf den Plakaten im Bahnhof und in der Kinowerbung.[38] Wir werden ständig ans Rauchen erinnert und bekommen andauernd vorgebetet, wie lecker die Zigaretten angeblich sein sollen – man macht uns systematisch Appetit, während das Nikotintier nach Stoff schreit und unser innerer Schweinehund es immer besänftigen muss. Und dann sind wir mal in einer Situation, die wir aus der Werbung kennen und besonders gerne mögen: Wir sitzen im Straßencafé, am Urlaubsstrand oder flirten mit der hübschen Nachbarin. Der Wildschweinwolf macht wie immer Terror, und Günter denkt sich: »Jetzt würde eine Zigarette passen!«, weil er das mal in der Werbung gesehen hat. Wir zünden uns eine an und sind schon wieder nur auf einen Trick hereingefallen: Wir hatten Hunger auf Nikotin, und dann hat die große Werbeglocke gebimmelt. Die Giftbrösel scheinen gut zu schmecken, und all die

38 Übrigens alles Situationen, in denen wir auf etwas warten müssen. Bimmelbimmel, Sabbersabber. Klingelt es bei Ihnen?

Zweifel und unzähligen ekligen Kippen sind plötzlich vergessen – wir sind und bleiben eben Raucher. Gut für die Tabakindustrie.

Spieglein, Spieglein an der Wand,
was hat mir so das Hirn verbrannt?
Kommt das vielleicht vom vielen Rauchen?
Werd ich die Kippen immer brauchen?
Der Spiegel sagt mir ganz versöhnlich:
Man belügt auch dich persönlich.
Lies ruhig weiter, du wirst sehen,
die Verblendung wird vergehen!

## Zusammenfassung

- Die Werbung bestätigt lauter Vorurteile über das Rauchen.
- Vielleicht denkt sich ja die Werbung die Gründe aus, warum wir rauchen sollen.
- Zigaretten sollen gut zu bestimmten Situationen passen.
- Also erinnern wir uns in bestimmten Situationen ans Rauchen.
- Weil wir immer Nikotin brauchen, greifen wir in den bestimmten Situationen automatisch zur Zigarette.
- Dabei werden wir im Grunde nur von der Werbung manipuliert.
- Die Werbung liefert uns Vorwände, die Droge zu nehmen.
- Wir lassen uns leider für dumm verkaufen.

## 18. Die Spiele der Konzerne

Bitte lassen Sie mich klarstellen: Ich bin kein fanatischer Teufelsaustreiber, der die Zigarettenindustrie für das Reich des Bösen hält und sie mit puritanischem Eifer bekämpfen will – für Schwarz-Weiß-Malerei ist das Spiel zu komplex. Ich habe vor allem nichts gegen die Menschen, die in den Konzernen arbeiten. Viele sind froh, einen Job zu haben, und wissen auch nicht wirklich, worum es geht.[39] Und ich habe natürlich nichts gegen Raucher – schließlich habe ich mich selbst jahrelang für dumm verkaufen lassen und geraucht. Aber ich habe etwas gegen das Produkt Zigaretten, denn Zigaretten bestehen aus Gift. Und ich bin gegen Zigarettenwerbung, denn sie redet uns ein, dass Rauchen eine tolle Sache sei, obwohl es uns krank macht.

Tabakkonzerne sind Wirtschaftsunternehmen. Sie wollen die Menschheit nicht gesund machen oder ihr die Wahrheit erzählen, sondern sie wollen Geld verdienen.[40] Also ziehen sie immer neue Kunden an Land und schicken damit ganz nebenbei viele Millionen Menschen zu früh ins Grab.[41] Ich bin aber dagegen, das Rauchen ganz zu verbieten. Denn wenn uns die Zigaretten weggenommen werden sollen, klammern wir uns nur umso fester daran – wir Raucher sind Drogenabhängige! Vielleicht wäre es am

39 Oft sind Zigarettenangestellte sogar in ihrer eigenen Gehirnwäsche gefangen: Sie wollen zwar aufhören zu rauchen, schaffen es aber nicht, denn sie glauben den Lügengeschichten ihrer eigenen Industrie.

40 Die oberste Loyalität gilt den Aktionären – nicht unseren freien Bronchien.

41 Die großen Märkte der Zukunft verlagert man übrigens gerade in die Dritte Welt. Man muss das Elend ja nicht immer direkt vor der Haustür haben. Außerdem gibt es dort noch keine Nichtraucherschutzgesetze.

besten, man klärt die verbliebenen Raucher endlich auf und sorgt dafür, dass es keinen Rauchernachwuchs mehr gibt. Dann wäre das Problem innerhalb von ein, zwei Generationen gelöst.

Doch der Fisch stinkt vom Kopf! Die Konzernspitzen wollen weiterhin Geld verdienen und denken nicht daran, einen Gang zurückzuschalten. Mitte der neunziger Jahre haben in Amerika die großen Prozesse gegen die Tabakindustrie begonnen, und die Zigarettenbosse mussten ihre geheimen Dokumente veröffentlichen.[42] Seitdem kann jeder genau nachlesen, wie es bei den Suchtbaronen zugeht. Die Tabakmanager wissen ganz genau, was sie treiben, und ihre Strategien sind widerlich: Weil die Altkunden wegsterben, wollen sie Zigaretten vor allem an Kinder verkaufen. Denn wer einmal Raucher ist, bleibt es meist für Jahrzehnte.

Wussten Sie schon, dass das Einstiegsalter fürs Rauchen mittlerweile bei elf Jahren liegt? Wussten Sie, dass man Werbung gezielt in Kiosks und Geschäften platziert, die als Schülertreffs bekannt sind? Wussten Sie, dass wir in Deutschland ganze 400 000 frei zugängliche Zigarettenautomaten haben?[43] Wussten Sie, dass die Helden in Film und Fernsehen[44] so viel rauchen, weil sie dafür Geld bekommen? Wussten Sie, dass man sogar gezielt Prominente besticht, damit sie öffentlich rauchen? Wussten Sie, dass Zeitungen und Zeitschriften das meiste Geld über Anzeigenwerbung verdienen und dass wir nur deswegen nicht systematisch über die großen Zusammenhänge aufgeklärt werden, weil die Tabakkonzerne ihnen so viel Geld für Zigarettenwerbung bezahlen?

Die Zigarettenindustrie gibt allein in Deutschland jedes Jahr 350

42 Schauen Sie mal im Internet, z. B. auf der Website http://www.tobaccodocuments.org, oder besorgen Sie sich das Buch S.A. Glantz et al.: The cigarette papers, University of California Press, Berkeley, Los Angeles, London 1996.

43 Das sind so viele wie nirgendwo sonst in der Welt.

44 Oder auch viele Rockstars.

Millionen Euro für Werbung aus. Offiziell tut man zwar so, als wolle man dadurch nur Raucher von der Konkurrenz abwerben. Doch inoffiziell ist sowieso klar, dass die Marktsegmente fest aufgeteilt sind. Zu welcher Zielgruppe gehören Sie eigentlich?[45] Rauchen Sie eine Marke für Abenteurer? Oder eine für Lebenslustige? Sind Sie ein Individualist und rauchen Selbstgedrehte? Jeder Mensch lässt sich gerne schmeicheln. Und dabei werden alle Register gezogen: Rauchen macht sexy, Raucher sind stark, Raucher sind frei. Doch je intensiver die Zigarettenwerbung, desto schneller ist die Industrie am eigentlichen Ziel: beim Nachwuchs. Denn die Kinder und Jugendlichen wollen endlich die Freuden der Erwachsenen kosten – Sex, Suff und Zigaretten. Und weil die Werbung immer bestätigt, dass Zigaretten cool sind und Rauchen okay ist, werden leicht beeinflussbare Kinder nikotinabhängig gemacht – oder wie es die Tabakindustrie so schön ausdrückt: »Kriegen wir sie jung, kriegen wir sie fürs Leben.«

Einmal Raucher, immer Raucher? Die Rechnung scheint aufzugehen: Wie viele Jahre denken Sie schon darüber nach, mit dem Rauchen aufzuhören? Hätten Sie sich am Anfang Ihrer Raucherkarriere gedacht, dass Sie so lange würden rauchen müssen? Wahrscheinlich nicht. Dabei müssen Sie überhaupt nicht rauchen! Kein Mensch braucht Zigaretten, bevor

45 Oder besser gesagt: Zu welcher Zielgruppe haben Sie gehört, als Sie mit dem Rauchen angefangen haben? Wahrscheinlich rauchen Sie seit Jahren dieselbe Marke.

er mit dem Schwachsinn anfängt. Und kein Mensch braucht Zigaretten, nachdem er mit dem Schwachsinn aufgehört hat – auch Sie nicht! Sie werden es sehen.

Ich möchte nichts verteufeln und will auch gar nicht, dass Sie mir blind vertrauen. Bitte investieren Sie selbst ein wenig Zeit und Energie und recherchieren Sie nach, was ich Ihnen erzähle. All diese Informationen sind frei zugänglich. Also lassen Sie sich bitte nicht mehr belügen.

## Zusammenfassung

- Zigaretten bestehen aus Gift und machen uns krank.
- Zigarettenkonzerne verdienen mit dem Gift Geld.
- Die Zigarettenwerbung erzählt uns aber, dass Rauchen eine tolle Sache ist.
- Die Tabakindustrie will damit vor allem Kinder süchtig machen.
- Denn wer früh damit anfängt, raucht meist jahrzehntelang.
- Also inszeniert man in der Zigarettenwerbung das, was Kinder und Jugendlichen gefällt: Sex, Spaß und Abenteuer.
- Offiziell will man damit Raucher von der Konkurrenz abwerben.
- Inoffiziell macht man den Nachwuchs auf Zigaretten scharf.
- Lassen Sie sich nicht von der Zigarettenindustrie belügen!
- Recherchieren Sie die Zusammenhänge selbst!
- Sie haben die Zigaretten nicht gebraucht, als Sie noch nicht geraucht haben.
- Sie werden die Zigaretten auch nicht mehr brauchen, wenn Sie mit dem Rauchen aufgehört haben.

# 19. Politik und Propaganda

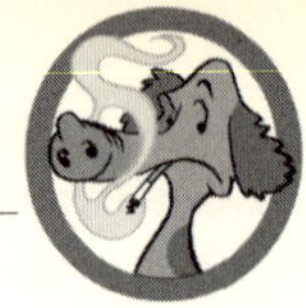

Wenn jeder Dritte täglich Gift inhaliert, merkt man das natürlich: Die Behandlung von kranken Rauchern kostet uns in Deutschland jedes Jahr rund 15 Milliarden Euro. Dann gehen uns noch mal 20 Milliarden Euro volkswirtschaftlicher Produktionsbeitrag durch die Lappen,[46] denn wer krank ist, kann nichts erwirtschaften. Das Rauchen macht also jedes Jahr 35 Milliarden Euro kaputt. Sollten wir uns nicht langsam fragen, warum die Politik nichts dagegen unternimmt? Andere Länder haben schon längst reagiert und die Tabakwerbung ganz verboten.[47] Und weil es dort jetzt schwieriger ist, die Raucher für dumm zu verkaufen, geht die Sucht schrittweise zurück.

Aber Moment: Wir Raucher spülen jedes Jahr 14 Milliarden Euro in die leeren Staatskassen. Warum also sollte uns die Politik helfen wollen? Die Erhöhung der Tabaksteuer 2004/2005 hat man ja sogar in drei Teilschritte zerstückelt, damit nicht zu viele auf einmal das Rauchen aufhören. Zwar steht diesen 14 Milliarden ein Gesamtschaden von 35 Milliarden gegenüber, und wir könnten locker 21 Milliarden sparen,[48] aber wir glauben schließlich auch nicht an das Kaninchen aus dem Zylinder – warum also sollten

46 Kosten durch Krankheit, Verletzung oder Tod.

47 Zum Beispiel Norwegen, Finnland, Neuseeland und Frankreich. Ab 2005 gilt übrigens ein EU-weites Tabakwerbeverbot. Mal schauen, wie es bei uns umgesetzt wird. Jedenfalls hat unsere Bundesregierung schon dagegen geklagt …

48 Wenn man übrigens die Tabaksteuereinnahmen ganz ins Gesundheitssystem fließen ließe, könnte man die Krankenkassenbeiträge und somit die Lohnnebenkosten drastisch senken. Das könnte unsere Wirtschaft ganz gut gebrauchen.

unsere Politiker langfristig denken, wenn wir es selbst nicht können? Besser schimpfen wir nicht auf andere, sondern kehren vor der eigenen Tür: Machen wir doch einfach nicht mehr mit!

Die Tabakindustrie hat natürlich längst begriffen, dass uns die Gesundheit am Herzen liegt. Deshalb wirbt man schon seit Jahren mit gesunder Harmlosigkeit: Zigaretten sollen mild, leicht, rein, natürlich oder frisch sein. Und weil das nicht ganz zur Verblendung ausreicht, greift man mitunter sogar zum Ablasshandel: 2002 hat der Verband der Zigarettenindustrie dem Bundesministerium für Gesundheit 11,8 Millionen Euro gezahlt. Damit sollte man Kinder und Jugendliche über die Gefahren des Rauchens aufklären. Natürlich haben die Zigarettenkonzerne damit dann gleich Werbung gemacht. Sie haben allen gesagt: »Schaut her, wie nett wir sind! Wir wollen überhaupt nicht, dass Kinder schon zur Zigarette greifen.« Aber warum greifen Kinder denn zur Zigarette? Um keine Kinder mehr zu sein.

Und was ist mit den 11,8 Millionen geschehen? Da gab es ein kleines Problem, denn der Vertrag mit den Konzernen hatte einen Pferdefuß: Die Aufklärer des Gesundheitsministeriums durften mit dem Geld nämlich »nicht die Zigarettenindustrie, deren Produkte oder den Zigarettenhandel diskriminieren oder den erwachsenen Raucher verunglimpfen«. Nur: Wie soll man sagen, dass das Rauchen schlecht ist, ohne zu sagen, dass das Rauchen schlecht ist? Diesen Job hat schließlich eine engagierte Werbeagentur übernommen. Sie entwickelte eine Anzeigenserie, die lauter gut aussehende Jugendliche beim Rauchen zeigt.[49] In großen roten Buchstaben wurden nun die typischen Klischees heruntergebetet: »Rauchen beruhigt«, »Rauchen macht stark«, »Raucher haben Kontakt«, »Rauchen macht schlank« und »Rauchen macht erwachsen«. Und ganz klein stand darunter die Relativierung: Raucher sterben früher, sie sind

49 Im Rahmen der so genannten »Rauchfrei«-Kampagne.

stark abhängig, geben viel Geld aus und sehen schneller alt aus – damit war der Pflicht genüge getan.[50] Doch dummerweise sahen die Anzeigen aus wie die reinste Zigarettenwerbung,[51] obwohl unten in der Ecke das Zeichen der Bundeszentrale für gesundheitliche Aufklärung[52] stand. Die Anzeigen wurden auf ganzen Seiten in fast allen deutschen Jugendzeitschriften geschaltet. Peinlich, peinlich.

Ein Schelm, wer Böses dabei denkt: Schon vor Jahren hatte sich die Zigarettenindustrie bereit erklärt, nicht mehr mit jugendlich aussehenden Models unter 30 zu werben. Vielleicht hat man mit dem 11,8-Millionen-Kuhhandel ja elegant eine wichtige Werbebeschränkung ausgehebelt? Schließlich behauptet man auch immer, dass man im Umkreis von Schulen und Jugendzentren keine Plakatwerbung mehr aufstellen will, und stellt sie trotzdem auf. Und wie kommt eigentlich die Zigarettenwerbung auf die Plakatwände an unseren Bus- und Bahnhaltestellen? Fahren Kinder etwa mit dem eigenen Auto zur Schule?

Aber wer wird denn auf die Plakate schimpfen? Schließlich geht es viel subtiler zu. Ihnen ist sicherlich schon aufgefallen, wo mittlerweile die Logos von Zigarettenmarken draufstehen: auf Trinkgläsern, Sonnenschirmen, Wanderschuhen und Formel-eins-Autos. Zigarettenkonzerne laden zu Abenteuerurlauben ein, und nette Promotion-Teams ziehen lächelnd durch die Innenstädte. Sie quatschen jedem eine Zigarette auf, der nicht bei drei auf den Bäumen ist. Und was lernt unser innerer Schweinehund schon wieder? Rauchen erfrischt, Rauchen gehört zum Sommer und

50 Wir haben als Jugendliche auch schon gewusst, dass Raucher abhängig sind, Zigaretten Geld kosten und Sargnägel genannt wurden.

51 Bild schlägt Text, und großer Text schlägt kleinen Text. Das gehört zum kleinen Einmaleins der Werbung.

52 Die normalerweise wirklich gute Aufklärung betreibt!

Rauchen gehört zur Natur. Raucher sind sportlich, abenteuerlich und kommunikativ. Wie immer.

## Zusammenfassung

- Das Rauchen kostet uns jährlich 35 Milliarden Euro und lähmt die Wirtschaft.
- Mit Werbeverboten ginge der Zigarettenkonsum zurück.
- Trotzdem reagiert die Politik nicht.
- Die Tabakindustrie will sich sympathisch machen.
- Also inszeniert sie falsche Präventionskampagnen und gaukelt Kooperationsbereitschaft vor.
- In Wirklichkeit umgeht sie Werbeverbote und forciert die indirekte Zigarettenwerbung.

# 20. Lauter Lügen

Die Tabakindustrie führt seit Jahrzehnten einen subtilen Krieg um viel Geld. Und Kriegszeit ist Lügenzeit. Schon in den zwanziger Jahren des vergangenen Jahrhunderts begann die Propaganda. Da bot zum Beispiel die American Tobacco Company jedem Arzt fünf Kartons Gratiszigaretten an, wenn er seinen Patienten Lucky Strikes zur Beruhigung empfahl. Es folgte eine wahnwitzige Werbekampagne: »20 679 Ärzte bestätigen, dass Luckies weniger nervös machen.«

Und auch heute noch wird mit harten Bandagen gekämpft: Erst vor kurzem ist mir eine Stellenanzeige in die Hände gefallen, auf der ein internationaler Zigarettenkonzern nach einem guten Wissenschaftler sucht, um die genetischen Risikofaktoren für Herzinfarkte zu erforschen. Wahrscheinlich werden wir bald wieder mal hören, wie krank uns unsere Gene machen. Und schon ist die Aufmerksamkeit vom Hauptrisiko für Herzinfarkte abgelenkt: von den Zigaretten.[53] Mit der gleichen Logik könnte man auch behaupten, die Leute in Tschernobyl[54] hätten alle Krebs, weil sie etwas Falsches gegessen haben. Also: Nicht die Gene machen krank, sondern das Rauchen.[55]

Die Taktik der Fakten-Verdreherei ist nicht neu. Die ärztliche

53 Wussten Sie eigentlich, dass Ihr Infarktrisiko schon nach einem einzigen Tag Nichtrauchen um die Hälfte sinkt?

54 In der ukrainischen Stadt kam es am 26. 4. 1986 zum bislang schwersten Kernreaktorunfall der Geschichte.

55 Natürlich können bestimmte Gene den Ausbruch von Krankheiten begünstigen. Trotzdem spielt ein gesundes Leben die weitaus wichtigste Rolle beim Gesundbleiben.

Lehrmeinung wird schon seit Jahren gezielt manipuliert: Man verbreitet gezielt Studien über unwichtige Risikofaktoren, untergräbt die Glaubwürdigkeit seriöser Wissenschaft und sabotiert Infokampagnen über Gesundheitsgefahren. Man will Zweifel daran säen, dass Rauchen krank macht. Aber können Sie sich ernsthaft vorstellen, dass man 30 Jahre lang durch ein Waldbrandgebiet spaziert und dabei gesund bleibt?

Wir werden ständig für dumm verkauft, vor allem von der Werbung: Raucher sind da immer so entspannt, zielstrebig, individuell, lebenslustig, sexy, tolerant und humorvoll. Sie sehen super aus und sind kerngesund. Was bleibt für die Nichtraucher übrig? Nervosität, Planlosigkeit, Anpassung, Depression, Hässlichkeit, Starrsinn und Ernst. Aber stimmt das denn? Sind Nichtraucher lauter Langweiler, die zum Lachen in den Keller gehen? Natürlich nicht! Machen wir besser die Augen auf, es ist genau andersherum: Nichtraucher fühlen sich freier, gesünder und glücklicher – wir Raucher dagegen sind meist süchtig, kränklich und ziemlich oft gestresst und wollen überdies ständig mit dem Rauchen aufhören. Wir sehen anders aus als die schönen Menschen auf den bunten Plakaten – wahrscheinlich sind die meisten Zigarettenmodels in Wirklichkeit sowieso Nichtraucher.[56] Doch wir wollen die Wahrheit nicht wissen. Lieber lassen wir uns lauter Lügen auftischen. Warum sollten wir auch an etwas zweifeln, das so schön klingt?

Warum zeigen die Zigarettenkonzerne in ihrer Werbung denn nicht die Wahrheit? Warum zeigen sie nicht, wie wir Raucher tatsächlich enden? Weil sonst keiner diesen ganzen Dreck kaufen würde. Fast jeder Raucher schleppt doch bald ein paar eklige Krankheiten mit sich herum – zum Beispiel Dauer-Bronchitis, Depressionen oder Arteriosklerose – und jeder vierte stirbt sogar

56 So hat z. B. der berühmte Camel-Mann der siebziger Jahre (»Ich geh' meilenweit für Camel«) nie geraucht! Siehe *Stern,* Nr. 31, 22.7.2004, S.150.

daran. Jedes Jahr sterben in der EU über eine Million Menschen am Rauchen! Doch zum Glück sehen wir die Kranken nicht auf der Straße, sondern wir stecken sie in Krankenhäuser. Dort baut man ihnen dann Bypässe ein, bestrahlt Krebsgeschwüre oder verschreibt Asthmasprays. Bis zum Schluss.

Lange Zeit haben die Zigarettenkonzerne öffentlich plump geleugnet, dass Rauchen eine tödliche Sucht ist. Doch mittlerweile steht es sogar ganz groß auf den Zigarettenpackungen drauf. Apropos: Wie geht es uns eigentlich, wenn wir die Gesundheitswarnungen auf den Zigarettenpackungen lesen? »Rauchen kann tödlich sein«, »Rauchen verursacht tödlichen Lungenkrebs«, »Rauchen lässt Ihre Haut altern« und so weiter. Meistens tun wir so, als sei uns das egal.[57] Schließlich müssen wir alle mal sterben und wenigstens haben wir zu Lebzeiten rauchen dürfen. Oft fällt uns auch irgendwer ein, der steinalt geworden ist, obwohl er viel geraucht hat.[58] Aber dass die Zigaretten auch schon viele 40-Jährige umbringen, verdrängen wir. Und sobald wir ernsthaft über die Gesundheitswarnungen nachdenken, bekommen wir ein schlechtes Gewissen oder Angst. Dumm nur, dass ein Raucher seinen Stress meist mit einer Zigarette bekämpft: Wir zünden uns also erst mal eine an. Dabei ärgern wir uns über die geschmacklosen Warnhinweise und unsere eigene Inkonsequenz – wer wird schon gerne freiwillig krank?

Doch seit die großen Warnhinweise auf den Packungen stehen,

57 Über manche Warnhinweise lachen wir uns eher tot, als dass sie uns zum Nachdenken brächten. Zum Beispiel »Rauchen fügt Ihnen (...) erheblichen Schaden zu.« Was ist denn bitteschön ein »erheblicher Schaden«? Außerdem können wir diese lustigen Überzieher über die Warntexte schieben. Dann lesen wir zum Beispiel »Rauchen verkürzt Ihre Zigarette« und alles scheint wieder in Ordnung zu sein.

58 Dabei vergessen wir, dass unser Alibi vielleicht noch viel älter geworden wäre, wenn es nicht geraucht hätte.

zeigt sich ein interessantes Phänomen: Die Verkaufszahlen für Zigaretten steigen weiter an. Warum nur? Weil die Warnungen bei Rauchern Stress verursachen! Einige wenige hören konsequent mit dem Rauchen auf. Aber die verbliebenen Raucher rauchen insgesamt mehr. Und wie reagieren die Jugendlichen? Die finden die Gesundheitswarnungen cool, weil sie so schön gefährlich klingen und sich prima sammeln lassen. Hätten wir damals nicht genauso reagiert? Die Gesundheitswarnungen führen also zum Gegenteil dessen, was man vermuten sollte. Man könnte sie also auch für besonders effektive Werbung halten. Vielleicht sind sie das ja? Vielleicht erfüllen sie ja genau ihren Zweck? Vielleicht ist das schlechte Gewisse Absicht, und wir werden schon wieder für dumm verkauft?

## Zusammenfassung

- Die Zigarettenindustrie manipuliert sogar die Wissenschaft.
- Die Zigarettenwerbung macht aus Rauchern sympathische Alleskönner.
- Umgekehrt redet sie uns ein, Nichtraucher wären unsympathische und langweilige Nichtskönner.
- In Wahrheit aber sind Nichtraucher frei, gesund und glücklich.
- Raucher sind süchtig, krank und andauernd gestresst.
- Die Gesundheitswarnungen auf den Zigarettenpackungen machen Rauchern ein schlechtes Gewissen und verursachen so Stress.
- Diesen Stress bekämpfen Raucher mit Zigaretten.
- Gesundheitswarnungen führen also dazu, dass noch mehr geraucht wird.
- Vielleicht sind die Gesundheitswarnungen sogar subtile Zigarettenwerbung?

## 21. Das schlechte Gewissen

Das kommt von den Metastasen im Kleinhirn«, erklärten die Ärzte, als sich mein Opa nicht mehr rasieren konnte. Sobald er versuchte, seinen elektrischen Rasierapparat ans Gesicht zu führen, begann seine Hand wild hin und her zu zittern. Ein ehemals kräftiger und stolzer Schreiner lag kraftlos auf der Wohnzimmercouch. Er war immer so lebenslustig und gesund gewesen. Jetzt sah er aus wie ein Skelett und musste von mir rasiert werden. Ein paar Tage später starb er an Lungenkrebs – mein Opa hatte 60 Zigaretten am Tag geraucht. Doch als ich von seinem Tod erfuhr, zündete ich mir sofort eine Zigarette an. Warum?

Rauchen macht Angst. Wir spritzen uns jeden Tag ein Nervengift, das uns künstlich aufregt: Das Herz zuckt panisch, der Blutdruck steigt, wir werden blass und nervös. Wie fühlt es sich denn an, wenn man Angst hat? Man wird nervös und blass, bekommt einen hohen Blutdruck und Herzrasen. Angst und Nikotinvergiftung sind also sehr ähnlich – kein Wunder, dass wir Raucher immer so empfindlich sind. Doch weil unser Körper das Gift gleich wieder ausscheiden muss, bekommen wir nun einen Entzug. Und sobald wir ein wenig Stress haben, wollen wir unser chemisches Gleichgewicht herstellen und brauchen dazu schon wieder eine Zigarette.

Und Stress haben wir verdammt oft, denn wir haben ständig ein schlechtes Gewissen. Wir wissen genau, das uns dass Rauchen umbringt, und scheinen es trotzdem nicht lassen zu können. Also fühlen wir uns schuldig und bekämpfen das schlechte Gewissen mit Zigaretten. Und wenn wir nicht rauchen dürfen, wenn man uns dazu drängt, das Rauchen aufzuhören, oder wenn man uns sogar damit kommt, dass Zigaretten krank machen, dann greifen wir erst recht zur Zigarette. Wir lassen uns nicht belehren und nichts befehlen – schließlich sind wir freie Menschen, große Verführer und fröhliche Genießer. Also lasst uns bloß in Ruhe rauchen!

Und wenn sich unsere Lungen wie zwei entzündete Klumpen anfühlen? Wenn wir nach zwei Stockwerken keuchen wie ein Hund mit Herzfehler? Oder wenn der Arzt eine ernste Miene macht? Dann bekommen wir Angst davor, aufhören zu müssen. Diese Angst ist riesig. Denn die Nerven schreien immer: »Gib mir wieder Botenstoff!« Und wir haben jahrelang gelernt, dass wir uns nur mit Zigaretten normal fühlen können. Gegen diese Angst scheint nur eine Zigarette zu helfen. Denn je größer der Stress, desto größer das Bedürfnis, sich normal zu fühlen. Die Angst ist stärker als der Schleim im Hals, das Stechen in der Brust und das schlechte Gewissen. Nur eine Zigarette kann uns jetzt beruhigen.

Merken Sie, wie gemein uns die Gehirnwäsche der Tabakindustrie manipuliert? Sobald wir nicht rauchen sollten, zieht es uns erst recht zur Zigarette. Und wir haben dafür lauter lustige Ausreden: Entspannung, Geschmack und Lebensfreude – wie in der Werbung. Dabei sind wir in Wirklichkeit nur mal wieder überfordert, und unsere Nerven schreien nach Nikotin.

Weil wir aber zur Zigarette greifen, wenn wir Stress haben, kann man uns auch mit Stress zum Rauchen bringen. Wie gesagt: Dieser Effekt ist der Tabakindustrie längst bekannt. In der Zigarettenwerbung hat man sogar schon Motive aus Horrorfilmen gezeigt, oder Fleisch fressende Pflanzen und Totenköpfe, um uns absichtlich einen Schrecken einzujagen. Der Mechanismus ist klar: Die Werbung löst den Stress aus, und der Raucher greift zur Zigarette – wie gut, dass wir so verlässlich sind. Aber am besten wirken wahrscheinlich die großen Warnhinweise: »Rauchen verursacht tödlichen Lungenkrebs.« Wir stecken in unserer Gedankenfalle fest, und der Tod bimmelt lässig mit der Glocke. Dann sabbern wir ferngesteuert los und zünden uns eine Zigarette an.

Doch es muss ja nicht immer der Wink mit dem Zaunpfahl sein. Viel lästiger sind die tausend kleinen Zahnstocher, die uns jeden Tag ins Gewissen piksen: unsere Unsicherheit unter Nichtrauchern. Unsere Panik, wenn die Zigaretten zur Neige gehen. Unser schlechtes Gewissen, wenn wir vor Kindern rauchen. Unsere Sorgen um rauchende Freunde und Verwandte. Unser alljährlicher Selbstbetrug an Silvester. Unsere entwürdigende Raucherecke am Arbeitsplatz. Können Sie sich vorstellen, wie schön es sein wird, wenn dieser Quatsch endlich aus dem Kopf draußen ist? Sie werden all diese Zwänge bald hinter sich lassen, frei sein und ein reines Gewissen haben. Sie werden es erleben.

Zeit für eine kleine Verschnaufpause? Backen wir doch die Schwarzwälder Kirschtorte weiter: Für den Schokoladenbiskuitboden schlagen Sie sechs Eier mit 200 Gramm Zucker. Dazu kommen noch 110 Gramm Mehl, 60 Gramm Weizenmehl, 30 Gramm Kakao und 60 Gramm flüssige Butter. Jetzt alles schön vermischen und in eine weitere Backform für Kuchenböden füllen. Das Ganze für 20 Minuten bei 180 °C in den Backofen, und wenn der frisch gebackene Schokoladenbiskuitboden kalt ist, schneiden Sie ihn horizontal in zwei gleich dicke Scheiben. Dann schlagen Sie die Sahne mit der Gelatine, bis sie steif ist.

Und schon sind wir wieder einen Schritt weiter.

## Zusammenfassung

- Rauchen verursacht im Körper Angstsymptome und Entzugserscheinungen.
- Wenn Raucher Angst oder Stress haben, wollen sie die Angst oder den Stress lindern, indem sie den Entzug wegrauchen.
- Also glauben Raucher, dass ihnen Zigaretten gegen Stress helfen.
- Raucher haben Angst davor, nicht mehr zu rauchen.

- Sie glauben, dann nicht mehr mit Stress fertig werden zu können.
- In Wirklichkeit rufen Zigaretten den Stress hervor, denn sie machen Angst und führen zu Entzugserscheinungen.
- Wenn man Raucher aber dazu drängt, mit dem Rauchen aufzuhören, rauchen sie erst recht, weil sie vor lauter Angst Stress bekommen.
- Raucher wissen noch nicht, dass sie ohne Zigaretten viel weniger Stress haben werden.
- Also muss man Rauchern nur Stress machen oder sie zum Aufhören drängen, damit sie weiterrauchen.
- Gesundheitswarnungen und Rauchverbote wirken auf uns also wie Zigarettenwerbung.
- Trotzdem haben Raucher lauter Gewissensbisse, weil sie natürlich wissen, dass sie nicht rauchen sollten.
- Es wird herrlich sein, endlich nicht mehr rauchen zu müssen.

# 22. Vorsicht, Gift!

Vorhin habe ich mir einen Müsliriegel gekauft. Im Supermarkt um die Ecke. Was standen da nur für merkwürdige Sachen auf der Packung?

*Maltitsirup, geröstete Getreideflocken 26% (Hafer-, Weizenflocken), Extrudat (Weizen-, Mais-, Reis-), Haselnüsse, Cornflakes, Kokosöl, gehackte geröstete Mandeln, geröstete Kokosflocken, geröstete Sesamsaat, Stabilisator Glycerin, Salz, Emulgator E 471, Aroma. Kann Spuren von Erdnüssen enthalten. Brennwert je 100 g 1606 kJ (384 kcal) bzw. je Riegel (25 g) 402 kJ (96 kcal). Eiweiß 7,6 g bzw. 1,9 g. Kohlenhydrate 60,4 g bzw. 15,1 g, davon Zucker 1,3 g bzw. 0,3 g, davon mehrwertige Alkohole 28,4 g bzw. 7,1 g. Fett 17,2 g bzw. 4,3 g. Gesättigte Fettsäuren 5,7 g bzw. 1,4 g. Ballaststoffe 6,9 g bzw. 1,7 g. Natrium 0,2 g bzw. 0,05 g.*

Wohlgemerkt: Ich zitiere einen harmlosen Müsliriegel. Ist Ihnen schon einmal aufgefallen, dass mittlerweile überall draufsteht, was drin ist? Wir kaufen ein bisschen Reis und brauchen ein Studium in Lebensmittelchemie, damit wir die Texte auf der Packung verstehen. In anderen Ländern bekommen Sie die exakten Kalorienangaben sogar zu jedem Cheeseburger.

Was steht eigentlich auf unseren Zigarettenpackungen drauf? Ein bisschen Markenschnickschnack und etwas über Nikotin, Teer und Kohlenmonoxid. Und da hört es auch schon auf! Auf den Packungen steht ja nicht einmal, dass Zigaretten auch Papier enthalten. Wir atmen täglich 20 Zigaretten ein und wissen gar nicht, was drin ist. Warum nur? Weil es uns ekeln würde, wenn wir all die Zutaten unserer kleinen »Freunde« kennen würden.

Zigaretten enthalten etwa 600 verschiedene Chemikalien. Schwefel etwa, damit die Zigarette besser brennt. Oder Ammoniak, damit Zigaretten offiziell weniger Nikotin enthalten. So täuscht man »Light«-Zigaretten vor und steigert die Sucht.[59] Oder blasen Sie mal Zigarettenrauch durch einen Wattebausch. Sie können sich damit dann Nagellack von den Fingern reiben! Das kommt vom Aceton, einem organischen Lösungsmittel, das man in die Zigaretten mischt, weil es auch süchtig macht. Sie inhalieren täglich ein paar hundert Mal reinen Nagellackentferner! Oder Zucker und Schokolade. Das soll uns vortäuschen, der Tabak würde gut riechen. Riechen Sie mal an Ihrer frisch geöffneten Packung. Die Zigaretten riechen süßlich nach Schokolade! Doch purer Tabak stinkt. Sobald man die Kippen schließlich anzündet,

59 Haben Sie schon einmal die feinen Perforationslinien um den Filter Ihrer »Light«-Zigarette bemerkt? Damit werden die mechanischen Nikotinmessmaschinen ausgetrickst. Ihr Pech: Sie müssen eben tiefer inhalieren. Man bekommt davon übrigens noch leichter Lungenkrebs, weil die giftigen Rauchschwaden bis in die feinsten Lungenäste vordringen.

ist der Duft weg, und der Qualm beißt. Dumm nur, dass beim Verbrennen von Zucker Acetaldehyd entsteht, denn das ist schwer Krebs erregend.

Was passiert noch, wenn man die Zigarette anzündet? Es entstehen etwa 4000 verschiedene Gifte! Blausäure etwa – ein Rattengift, giftiger als Zyankali. Oder Cadmium – ein fieses Schwermetall, das sich in unseren Organen festsetzt. Oder das radioaktive Polonium-210 – verkrebst unsere Lungen täglich mit der Strahlendosis einer Röntgenaufnahme. Oder freie Radikale,[60] die unsere Lungen und Adern kaputtmachen. Und das viele Kohlenmonoxid verdrängt schließlich den Sauerstoff von unseren roten Blutkörperchen. Das blockiert dann unsere Atmung, und wir ersticken innerlich.[61] Aufwachen, wir rauchen giftige Chemiebrösel!

Eigentlich wissen wir das ja längst. Schließlich mussten wir lange üben, bis wir die Zigaretten überhaupt halbwegs ertragen konnten. Und auch heute noch erschrecken wir unseren Körper jeden Morgen neu, wenn wir den gefährlichen Giftmix einatmen.

Ziehen Sie mal bewusst an einer Zigarette. Inhalieren Sie bewusst Ammoniak, Aceton und Kohlenmonoxid. Lassen Sie sich von radioaktivem Rauch im Hals kratzen. Stellen Sie sich vor, wie Acetaldehyd-Moleküle Lungenkrebszellen züchten und wie freie Radikale Ihre Halsschlagader zerstören. Alles nur wegen ein bisschen Nikotin. Und dann versuchen Sie sich mal ernsthaft einzureden, dass Sie jetzt ein wilder Cowboy oder eine schöne Frau sind – so schwer kann sich keiner selbst belügen.

Und einige Zigaretten scheinen sogar noch schlechter zu sein als der Durchschnitt. Vielleicht haben sie ja einen Qualitätsschaden? Zum Glück gibt es auch bei Tabakkonzernen eine Reklamations-

60 Molekülfragmente des Sauerstoffs mit einem ungepaarten Elektron. Sie greifen unsere Zellen an, und wir altern schneller.

61 Wer sich mit Autoabgasen umbringt, stirbt an Kohlenmonoxid-Vergiftung.

abteilung. Wenn die Kunden also mal zu viel Kopfschmerzen, Übelkeit oder Rachenkratzen haben, können sie die Problemkippen ins Werk zurückschicken und auf Mängel überprüfen lassen. Vielleicht war ja eine Mischmaschine kaputt, und man hat aus Versehen zu viel Lösungsmittel reingemischt? Bei jeder reklamierten Zigarettenschachtel liegt dann ein netter Brief vom Kunden, in dem er beschreibt, wie bei ihm die Chemiedröhnung gewirkt hat: Schwindelgefühle, geschwollener Rachen, Nervenzusammenbrüche und so weiter. Die Chemiker müssen dann herausfinden, ob die Beschwerden tatsächlich von einem Qualitätsschaden kommen oder einfach nur normale Nebenwirkungen der Zigarettenvergiftung sind. Manchmal findet man auch etwas Spannendes: Nylonfasern im Tabak, Cyclohexanol-Verseuchung oder giftige Gärungsprodukte.[62] Nobody is perfect!

Warum erlauben wir anderen Menschen eigentlich, dass sie uns vergiften?

## Zusammenfassung

- Zigaretten und Zigarettenrauch enthalten viele giftige Chemikalien, wie zum Beispiel
- Ammoniak (verstärkt die Suchtwirkung, senkt Nikotinwerte, verursacht Krebs),
- Aceton (verstärkt die Suchtwirkung, Nagellackentferner, verursacht Krebs),
- Acetaldehyd (entsteht durch die Verbrennung von Zucker und Schokolade, verursacht Krebs),
- Blausäure (starkes Gift),
- Cadmium (hochgiftiges Schwermetall, reichert sich in Organen an, vor allem in den Lungen),

62 Bitte recherchieren Sie selbst: http://www.tobaccodocuments.org

- Polonium-210 (Radionuklid, strahlt radioaktiv),
- freie Radikale (aggressive Molekülfragmente, zerstören unsere Lungen, führen zu Arteriosklerose),
- Kohlenmonoxid (erstickt uns innerlich),
- Nikotin (Hauptsuchtstoff, stark giftig)
- und so weiter …
- Auf den Zigarettenpackungen steht aber nicht drauf, was drin ist.

# 23. Ein armer Patient

Diese Nacht werde ich nie vergessen. Ich war ein junger Assistenzarzt, es war drei Uhr früh, und ich hatte Dienst in der Psychiatrie. Ich stand auf dem Balkon der Klinik und rauchte wie ein Wahnsinniger. Gerade hatte ich einen Patienten auf die geschlossene Station aufgenommen, weil er sich hatte erhängen wollen.

Ein Italiener Mitte fünfzig. Schwerer Asthmaanfall. Deswegen war er einige Tage zuvor in die Notaufnahme der inneren Klinik gekommen. Neben den üblichen Therapien mit Medikamenten und Atemmaske hatten die Ärzte ihm verboten zu rauchen, damit er nicht erstickt. Das hatte er nicht lange ausgehalten. Also rauchte er statt der üblichen sechzig nur zwanzig Zigaretten täglich.

Schnell wurde klar, dass der Ärmste noch ein paar andere Probleme mit sich herumschleppte: Der Kalk hatte seine Beindurchblutung lahm gelegt, und der arme Mann konnte kaum mehr als ein paar Meter am Stück gehen. Doch was für ihn viel schlimmer war: Wegen der kaputten Durchblutung war er schon lange impotent. Daher nahm seine Ehefrau den Krankenhausaufenthalt zum Anlass, ihrem Mann reinen Wein einzuschenken: Sie hatte seit Jahren einen Liebhaber und bat ihren Gatten nun – im Falle seiner Genesung – nicht mehr nach Hause zurückzukommen. Das war zu viel für ihn: Um ein Uhr nachts versuchte er sich neben der Infusionsflasche, die über seinem Bett baumelte, zu erhängen.

Meine Zigarette glühte bei jedem Zug hell auf. Ich zog und zog und freute mich darüber, dass ich noch nicht so weit unten war wie dieser Italiener. Ich musste noch nicht mit dem Rauchen aufhören. Dass meine Lungen schon seit fünf Jahren jeden Morgen bedenklich brodelten, verdrängte ich. Ebenso wollte ich nicht wahr haben, dass ich längst keinen Sport mehr trieb, gelbe Zähne und Finger hatte und, und, und – aber was soll ich sagen: Man wird ja älter, dachte ich.

Eine pfiffige Krankenschwester hatte den Selbstmordversuch rechtzeitig entdeckt und veranlasst, dass der arme Kerl in die Psychiatrie eingewiesen wurde – zu mir, in meine Nachtschicht. Da stand das Übel: betrogen und allein gelassen, pfeifend, schnaufend, aschfahl, lahm, impotent, verzweifelt und lieber tot als lebendig – ein körperliches und psychisches Wrack.

Damit er sich nicht umbrachte, bekam er ein Beruhigungsmittel. Doch Beruhigungsmittel haben einen Nachteil: Sie verschlechtern die Atmung. Also mussten wir seine tägliche Zigarettenmenge weiter reduzieren. Von zwanzig auf drei. Nun kämpfte er Tag für Tag, Stunde um Stunde und Minute für Minute gegen seine Sucht an – mit Schweißperlen auf der Stirn und unter Einsatz seines ganzen Willens. Sein drohender Erstickungstod, seine kaputte Ehe, seine blauen Beine – alles nicht mehr so schlimm. Der Mann wollte nur noch rauchen! Sie können sich vielleicht vorstellen, wie sehr ich mich jedes Mal nach einer Zigarette sehnte, wenn ich den armen Teufel zu Gesicht bekam.

Nach einigen Wochen war sein Asthma besser.[63] Der Italiener hatte sich mit seiner Ehefrau versöhnt, und die Selbstmordpläne waren verschwunden. Also reduzierten wir auch die Beruhigungsmittel, und der arme Kerl konnte endlich wieder »normal« weiterrauchen. Als wir ihn entließen, war er schon wieder bei einer Schachtel am Tag. Was aus ihm geworden ist, weiß ich nicht. Ich hoffe, es geht ihm gut.

Nun war mir klar: Ich hatte ein ernsthaftes Problem. Wenn ich das nicht irgendwie löste, könnte auch ich eines Tages mit

63 Kein Wunder bei »nur« drei Zigaretten täglich anstatt sechzig.

Atemnot und Impotenz in einer Klinik landen. Und das durfte auf keinen Fall passieren! Ich hatte damals noch keine Ahnung, wie positiv dieses Erlebnis mein weiteres Leben beeinflussen würde. Denn nun begann ich, mich mit dem Rauchen zu beschäftigen, und sammelte so viele Informationen darüber, wie ich kriegen konnte – man soll seinen Feind ja erst kennen lernen, bevor man gegen ihn kämpft. Und als ich genug wusste, startete ich meinen Ausbruch: Ich hörte endlich mit dem Rauchen auf.

Was nun geschah, war schöner, als ich je zu hoffen gewagt hätte. Bitte entschuldigen Sie mein Pathos, aber damals begann für mich eine Entwicklung, die ich niemals für möglich gehalten hätte: Ich fühlte mich vom ersten Tag an fantastisch und vermisste die Kippen überhaupt nicht. Es ging mir sogar jeden Tag immer besser – ich fühlte mich, als hätte ich jahrelang in einer dreckigen Giftwolke leben müssen und durfte nun endlich ins Freie treten. Seitdem ich damals den Dreck in die Mülltonne gebröselt habe, wurde mein ganzes Leben immer schöner und besser. Es war alles wie ein Wunder – ich hatte einen Schritt getan, der mich viel weiter brachte, als ich je geglaubt hätte.

Auch Ihnen wird bald einiges wie ein Wunder vorkommen!

## Zusammenfassung

- Rauchen verursacht scheußliche Krankheiten.
- Wer krank ist, darf nicht rauchen.
- Es ist schrecklich, zum Nichtrauchen gezwungen zu werden.
- Schwer kranke Raucher müssen manchmal zum Nichtrauchen gezwungen werden.
- Lassen Sie es nicht so weit kommen!
- Lassen Sie den Dreck freiwillig los!
- Mit den richtigen Informationen werden Sie kinderleicht zum Nichtraucher.

- Wenn Sie von dem Gift loskommen, können Sie am eigenen Leib ein Wunder erleben.
- Sie werden wieder kerngesund.
- Sie werden stolz auf sich sein.
- Sie werden frei sein.

# 24. Was wir alles schon wissen

Wir behaupten ja immer, wir wüssten schon, dass uns das Rauchen krank macht. Aber ganz ehrlich: Sogar als Arzt hatte ich damals keine Ahnung vom tatsächlichen Ausmaß des Ganzen. In erster Linie war ich Raucher und wollte wahrscheinlich nur wissen, was mir in den Kram passte. Deshalb nun eine kleine Zusammenfassung dessen, was unsere »kleinen Freunde« tatsächlich mit uns anstellen. Freuen Sie sich über all die Krankheiten, die Sie bald nicht mehr bekommen werden. Lehnen Sie sich zurück und stellen Sie sich vor, Sie seien in einem schönen Horrorfilm im Kino – ich hoffe, Sie mögen Horrorfilme?

Wir atmen seit Jahren ein Gemisch aus giftigen Rußpartikeln ein. Oft mehrere hundert Mal am Tag. Dabei verkleben wir uns ständig die Geruchsnerven der Nase. Wir können schon lange nicht mehr richtig riechen und schmecken.[64] Die Nichtraucher riechen uns sehr wohl: Wir stinken furchtbar. Wir umgeben uns ständig mit einer miefigen Wolke aus kaltem Rauch und muffeln modrig aus dem Mund. Auch unsere Zähne haben einen Zigarettenschaden: Sie bekommen vom Zigarettenrauch einen gelblich bräunlichen Überzug, und manchmal verlaufen an den Kanten sogar senkrechte braune Schlieren – jeder sieht uns am Lächeln an, dass wir rauchen. Übrigens auch an unseren gelben Fingern.

Zuerst üben wir das Rauchen so lange, bis wir von den Zigaretten nicht mehr husten müssen, und lähmen dabei die feinen

64 Damit wir richtig schmecken können, brauchen wir unseren Geruchssinn. Beim Raucher ist der fast völlig hinüber. Trotzdem reden wir uns ein, wir könnten gut riechen.

Flimmerhärchen in unseren Atemwegen.[65] Bald schon entzünden sich unsere Bronchien, und wir bekommen einen trockenen Raucherhusten.[66] Dann wird die Entzündung so schlimm, dass wir jeden Tag zähen Bronchitis-Schleim abhusten. Und wenn es ganz dumm kommt, werden unsere Atemschläuche sogar so eng, dass wir die Luft nur noch mühsam rein- und rauspressen können: Wir bekommen eine Art Dauer-Asthma. Wussten Sie schon, dass die Lunge eines Rauchers oft ganze 30 Prozent weniger Luft bekommt als die eines Nichtrauchers? Und: Glauben Sie ernsthaft, dass Sie immer nur erkältet sind?

Auch unser Blut hat es schwer: Durch die schlechte Belüftung bekommt es nur wenig Sauerstoff und wird immer dickflüssiger. Und mit jedem Zug an einer Zigarette drehen wir auch noch unsere Adern für eine Weile enger – wir merken das nach der Zigarette im Winter, wenn unsere Finger kalt und blau werden. Der kohlenmonoxidhaltige[67] Blutbrei zwängt sich nun mühsam durch viel zu enge Schläuche, und unsere hungrigen Körperzellen kriegen nicht genug Sauerstoff ab. Schon bald bekommen wir auch noch eine Arteriosklerose – unsere kranken Blutschläuche verkalken wie marode Wasserleitungen.

Zu wenig Sauerstoff ist nicht gut: Unsere Kondition lässt nach, und wir fühlen uns andauernd schlapp und kraftlos. Außerdem wird unsere Haut schneller alt und faltig.[68] Und weil auch die Ge-

65 Sie sollen eigentlich den eingeatmeten Dreck nach draußen transportieren, indem sie ständig in Richtung Ausgang schlagen.

66 Wenn Sie übrigens keinen Raucherhusten haben, sollte Ihnen das Sorgen machen: Vielleicht bekommen Sie einen Lungenkrebs, weil Ihr Körper den Dreck bei sich behält?

67 Das Autoabgas-Gift – Sie erinnern sich?

68 Durch die kaputten Adern bekommt die Haut nicht mehr genügend Nährstoffe. Es tut mir als Mann in der Seele weh, wenn schöne Frauen nur wegen der Zigaretten im Zeitraffer altern.

schlechtsorgane nicht mehr richtig durchblutet werden, sind Männer bald impotent und haben kaputte Spermien. Frauen werden unfruchtbar und bekommen häufig Fehlgeburten, weil die Embryos an Sauerstoffmangel sterben. Dann haben wir noch gerne Raucherbeine, Herzinfarkte und Schlaganfälle. Wir humpeln mit Schmerzen herum, haben Bruststechen und japsen vor lauter Atemnot. Und wenn wir halbseitig gelähmt sind, tropft uns der Speichel aus dem Mundwinkel, und wir müssen uns pflegen lassen. Bon appétit!

Außerdem bekommen wir gerne Lungenkrebs, Nierenkrebs, Blasenkrebs, Brustkrebs, Bauchspeicheldrüsenkrebs, Blutkrebs, Lippenkrebs, Mundbodenkrebs, Speiseröhrenkrebs, Magenkrebs und Kehlkopfkrebs.[69] Gehen Sie mal in eine HNO-Klinik. Dort sehen Sie die armen Teufel mit Kehlkopfkrebs auf den Balkonen rauchen. Damit sie nicht an ihrem Krebsgeschwür ersticken, hat man ihnen unterhalb des Kehlkopfes ein Loch in den Hals gebohrt und einen Atemschlauch hineingesteckt. Es sieht widerlich aus, wenn Todgeweihte durch einen Schlauch im Hals rauchen müssen. Sie sehen: Es geht nur um die Droge Nikotin – mit Genuss hat das nichts zu tun!

Rauchen macht sogar dumm. Unser Gehirn bekommt jahrelang zu wenig Sauerstoff ab, und unser Geist wird mürbe. Ab einem bestimmten Alter kann man dann ziemlich laut den Kalk rieseln hören. Noch viel schlimmer aber ist, dass wir uns ständig selbst betrügen: Wir hören nächstes Jahr auf, nein, übernächstes Jahr, wenn unsere Kinder in die Schule kommen, wenn unsere Kinder mit der Schule fertig sind und so weiter. Wir sind süchtig. Das sieht jeder – nur wir selbst nicht. Wie erbärmlich.

69 Früher dachte man, Wenig-Raucher hätten ein geringeres Krebsrisiko. Das ist falsch. Man weiß mittlerweile, dass auch Wenig-Raucher ein viel höheres Krebsrisiko haben als Nichtraucher.

Wir reden uns jahrelang ein, dass wir mit dem Rauchen aufhören, bevor wir eine schlimme Krankheit bekommen. Dabei sind wir schon dauerkrank: In unserem Körper zwickt es längst überall! Und jedes Jahr geht es ein Stückchen weiter nach unten. Immer weiter, bis wir ernsthaft krank werden. Dann reden wir uns ein, es sei sowieso schon alles zu spät, und wir rauchen uns bis in den Tod.

Lassen Sie es auf keinen Fall so weit kommen!

## Zusammenfassung

- Raucher stinken.
- Raucher können nicht mehr riechen und schmecken.
- Raucher haben gelbe Zähne.
- Raucher haben eine gelbe, fahle und faltige Haut.
- Raucher haben entzündete Lungen.
- Raucher haben zu dickes Blut.
- Raucher sind immer schlapp.
- Raucher bekommen Arterienverkalkung.
- Raucher werden impotent.
- Raucherinnen bekommen seltener gesunde Babys.
- Raucher bekommen Herzinfarkte.
- Raucher bekommen Schlaganfälle.
- Raucher bekommen Raucherbeine.
- Raucher bekommen Krebs.
- Rauchen macht dumm.
- Raucher belügen sich selbst.
- Raucher kränkeln und fühlen sich schlechter als Nichtraucher.
- Lassen Sie es nicht so weit kommen!

## 25. Was wir noch nicht wissen

Rauchen macht also krank. Schön und gut. Die Sache hat nur einen Haken: Wir wissen das bereits. Und weil wir trotzdem weiterrauchen, tun wir so, als seien uns die Krankheiten egal. Wir denken: An irgendetwas muss man schließlich sterben. Dabei haben wir in Wirklichkeit einfach nur keine Ahnung, wie wir mit dem Rauchen wieder aufhören können[70] – denn nach so vielen Jahren halten wir die Zigaretten für unser unveränderliches Schicksal. Also quatschen wir uns das vermeintliche Schicksal schön und belügen uns dabei schon wieder. Würden Sie in ein Schrottflugzeug einsteigen, das mit einer Wahrscheinlichkeit von 25 Prozent abstürzt? Natürlich nicht. Was aber wäre, wenn Sie bereits in diesem Flugzeug säßen? Sie müssten sich künstlich Mut machen. Aufwachen, Sie sitzen in diesem Flugzeug! Und Sie können noch aussteigen.

Alle Welt warnt uns vor den Folgen des Rauchens. Aber leider erzählt uns niemand, was passiert, wenn wir mit dem Rauchen aufhören. Dabei ist das viel wichtiger, denn: Wir werden die Zigaretten nicht mehr brauchen und sind schon bald wieder kerngesund! Fragen Sie mal einen Ex-Raucher, ob er sich als Raucher oder als Nichtraucher besser fühlt. Er wird laut lachen und sagen: Natürlich fühlt man sich als Nichtraucher besser. Das Nichtrauchen macht uns wieder gesund – genau darum geht es.

Es kann uns ziemlich egal sein, dass jeder zweite Raucher schwer krank wird und jeder vierte am Rauchen stirbt, solange wir

70 Keine Sorge, zu diesem Thema kommen wir noch.

nicht selbst rauchen. Es braucht uns auch nicht zu kümmern, dass wir in Deutschland jährlich 140 000 Zigaretten-Tote haben.[71] Denn die Frage ist nicht, ob wir mit 25 Prozent Wahrscheinlichkeit am Rauchen sterben müssen, sondern ob wir überhaupt zu den Rauchern gehören wollen. Wir können uns jederzeit frei entscheiden: Sollen wir in dem Schrottflugzeug mitfliegen oder nicht?

Wir denken immer: Jetzt ist sowieso schon alles zu spät. Wir haben gehört, dass unser Körper sieben Jahre braucht, um den ganzen Dreck wieder abzubauen, und dass wir erst nach 15 Jahren ohne Zigaretten wieder die Lebenserwartung eines Nichtrauchers haben. Wie demotivierend, wenn wir uns nicht einmal vorstellen können, einen einzigen Tag ohne Zigaretten zu verbringen. Bitte vergessen Sie diesen Blödsinn! Und vergessen Sie all die Statistiken und schrecklichen Krankheiten! Es geht nicht um Krankheit, es geht um Gesundheit. Jeder einzelne Tag ohne Zigaretten ist schöner als ein Tag mit Zigaretten – das werden Sie bald erleben. Und es ist nie zu spät, zum Nichtraucher zu werden. Selbst wenn Sie in zwei Wochen sterben müssten: Lassen Sie sich die Erfahrung nicht entgehen, wie herrlich es sich anfühlt, wenn man jeden Tag ein bisschen gesünder wird!

Können Sie sich vorstellen, wie stolz Sie auf sich sein werden, wenn Sie nicht mehr rauchen? Sie trauen sich etwas zu, um das Sie jeder Raucher beneidet. All die dumpfe Unzufriedenheit über Ihre andauernde Inkonsequenz wird auf einen Schlag weg sein – Sie werden sich riesig fühlen.

Schon in den ersten Tagen werden Sie viel besser riechen und schmecken können. Sie werden Gerüche und Geschmäcker wahr-

71 Jeden Tag sterben bei uns 380 Menschen an den Folgen des Rauchens, und kein Mensch kümmert sich darum. Stellen Sie sich mal vor, jeden Tag würde ein voll besetzter Jumbo-Jet abstürzen – was da los wäre!

nehmen, die Sie zum Teil seit Jahrzehnten nicht mehr kannten.[72] In zwei bis drei Wochen ist dann Ihr Raucherhusten verschwunden, selbst wenn Sie ihn schon viele Jahre mit sich herumschleppen.[73] Sie werden bemerken, wie Sie mehr und mehr Kraft und Kondition bekommen. Sie werden spüren, wie Ihr gesundes Blut wieder flüssig und voller Sauerstoff durch den Körper strömt. Sie werden sich täglich immer besser und ausgeglichener fühlen. Bald wird auch Ihre Haut wieder viel jünger aussehen: Neue Hautschichten glätten die alten Falten, und eine gesunde Farbe ersetzt das hässliche Grau – Sie bekommen wieder einen frischen Teint.[74] Und nach einem halben Jahr werden Sie staunen, wie weiß Ihre Zähne geworden sind – nur vom Zähneputzen und ganz ohne teures Bleaching beim Zahnarzt.

Sie leben nur einmal.[75] In diesem einen Leben ist Ihre Gesundheit das Wertvollste, was Sie besitzen. Nehmen Sie sich wieder, was Ihnen zusteht, und geben Sie sich nicht mit weniger zufrieden!

72 Seit Jahren beleidigt der Zigarettengestank Ihre Nase. Wissen Sie wirklich noch, wie viele Düfte der Frühling hat? Wissen Sie wirklich noch, wie unterschiedlich andere Menschen riechen? Lassen Sie sich überraschen!

73 Wenn Sie Asthmatiker sind, dann freuen Sie sich auch schon mal: Bald könnten Spray und Tabletten der Vergangenheit angehören. Übrigens verbessert sich Ihre Atmung sogar, wenn Sie schon ein Lungenemphysem haben! Denn obwohl viele Ihrer Lungenbläschen durch die Dauerentzündung schon so kaputt sind, dass Sie nur noch wenig Luft atmen können, atmen Sie die verbleibende Luft bald viel leichter.

74 Wir Raucher glauben ja immer, dass man eine trockene Pflanze grün anmalen muss, anstatt sie einfach zu gießen.

75 Wenn Sie einer Religion angehören, die an Wiedergeburten glaubt, dann beziehen Sie diese Aussage bitte auf Ihr jetziges Leben.

## Zusammenfassung

- Die Raucherkrankheiten können Ihnen egal sein, wenn Sie nicht mehr rauchen.
- Als Nichtraucher werden Sie sich bald viel besser fühlen.
- Wenn Sie das Rauchen aufhören, werden Sie sehr stolz auf sich sein.
- Sie werden wieder riechen und schmecken können.
- Bald werden Sie auch besser atmen können und nicht mehr husten müssen.
- Auch Ihre Durchblutung wird besser werden.
- Und Sie bekommen mehr Kraft und Ausdauer.
- Sie fühlen sich besser und ausgeglichener.
- Ihre Haut wird jünger, schöner und frischer werden.
- Ihre Zähne werden wieder weiß.
- Sie werden jeden Tag ein bisschen gesünder werden.
- Und Sie werden sich wieder frei fühlen.
- Lassen Sie sich das alles nicht entgehen!

# 26. Von Angsthasen und Gelegenheitsrauchern

Zeit für ein kurzes Resümee: Rauchen ist die schwachsinnigste Sucht unserer Zeit. Kein Mensch braucht Zigaretten, bevor er sich mühsam süchtig geraucht hat und nachdem er die Sucht wieder losgeworden ist. Nur solange wir Raucher sind, lassen wir uns einreden, dass uns Zigaretten entspannen, schick sind und bei Problemen helfen. Dabei sind wir in Wirklichkeit einfach nur süchtig nach Nikotin und brauchen immer wieder unseren Schuss. Und das nicht etwa, weil Nikotin so besonders lecker wäre, sondern weil es so giftig ist, dass unsere Nerven erst dagegen abstumpfen müssen. Und wenn sich das Gift nach einer Zigarette dann abbaut, fühlen sich unsere stumpfen Nerven bald nicht mehr normal. Also rufen sie wieder nach Nikotin, und wir rauchen die nächste Zigarette, damit wir für kurze Zeit wieder unsere Ruhe haben. Nikotin rein, Nikotin raus, Nikotin rein und wieder raus – eine völlig unnötige Kettenreaktion, denn wir wollen uns ja eigentlich nur so

fühlen wie ein Nichtraucher. Und dabei inhalieren wir jahrelang giftige Chemikalien, zahlen dafür Zigtausende Euro und werden auch noch immer kränker.

Ganz nebenbei haben wir uns mittlerweile angewöhnt, bei jeder Gelegenheit zur Zigarette zu greifen: Wir rauchen beim Telefonieren, an der Bushaltestelle und beim Fernsehen. Wir rauchen bei jedem Problemchen, in jeder Pause und benutzen die Zigaretten sogar als Abführmittel. Und wenn wir mal keine Zigaretten haben, fühlen wir uns sofort unwohl oder bekommen Panik. Schon seit Jahren können wir uns ein Leben ohne Zigaretten nicht mehr vorstellen, obwohl wir eigentlich nur auf ein paar Illusionen hereinfallen. Eine wirklich dumme Sache.

Warum hören wir dann nicht einfach damit auf? Weil wir davor Angst haben. Wir können uns noch nicht vorstellen, wie dieses Leeregefühl in der Brust ohne unsere Zigaretten weggehen soll. Und wir haben noch keine Ahnung, wie wir all die typischen Rauch-Situationen ganz ohne Stinkstäbchen überstehen sollen. Außerdem haben wir von schrecklichen Entzugserscheinungen gehört, die schon manch starken Mann in ein jammerndes Häufchen Elend verwandelt haben. Oder wir haben schon selbst darunter gelitten. Dann hatten wir plötzlich wieder eine Zigarette im Mund, und alles war wieder gut. Und schließlich kennen wir Ex-Raucher, die uns immer noch bereitwillig von ihrer quälenden Schmacht nach Zigaretten berichten, obwohl sie schon seit Monaten oder gar Jahren nicht mehr rauchen.[76] Solche Horrorgeschichten wollen wir jedenfalls nicht erleben – da rauchen wir doch lieber weiter.

Bitte machen Sie sich keine Sorgen: All das wird Ihnen nicht passieren. Sie werden es viel einfacher haben: Kennen Sie nicht

76 Kann es sein, dass es sich bei solch heldenhaften Willensmonstern oft nur um Wichtigtuer handelt, die ein wenig um Aufmerksamkeit buhlen?

auch Exraucher, die überhaupt keine Probleme damit hatten, mit dem Rauchen aufzuhören?[77] Manche hatten dabei von Anfang an sogar richtig gute Laune und sie haben sich nie wieder nach Zigaretten gesehnt. Wie haben die das nur geschafft? Sie werden es schon bald erleben.

Möglicherweise spielen Sie gerade mit dem Gedanken, zum Gelegenheitsraucher zu werden. Ganz ehrlich: Beneiden Sie Gelegenheitsraucher etwa? Tun Sie das besser nicht! Denn entweder sind diese so genannten Gelegenheitsraucher noch Rauch-Anfänger und wissen nicht, was auf sie zukommen wird, oder sie sind so schwächlich, dass sie nur sehr wenige Rachenschwärzer pro Tag vertragen. Oder aber sie gehören zu dieser Sorte Raucher, die einmal oder zweimal pro Woche auf Partys raucht, dabei mitunter sogar ganze Schachteln zusammenschnorrt und wegqualmt, und sich trotzdem lammfromm als Nichtraucher bezeichnet, weil das Rauchen ja bekanntlich krank und abhängig macht. Wenn man diese »Gelegenheitsraucher« dann fragt, warum sie auf Partys so hemmungslos zur Zigarette greifen, hören wir etwas von Genuss, Entspannung und Geselligkeit. Kommt uns das nicht bekannt vor? Sie haben genau die gleichen Lügen im Kopf wie alle anderen Raucher auch. Nur machen sie jede Woche aus schlechtem Gewissen einen Nikotinentzug durch, behalten ihre psychische Abhängigkeit bei[78] und belügen sich selbst. Am schlimmsten dran sind schließlich die kontrollierten Wenig-Raucher: Sie müssen sich permanent zusammenreißen, damit sie nicht ständig zu den Zigaretten greifen. So leiden sie jeden Tag stundenlang unter einem eingebildeten Verlust und scheinen sich durch die verblie-

77 Wenn Sie keinen solchen Ex-Raucher kennen sollten, glauben Sie mir bitte: Es gibt davon sehr viele!

78 Sie müssen weiterhin ständig an Zigaretten denken. Vor allem bei Ärger, Stress, Langeweile, Entspannung und so weiter.

benen Gift-Kippen doppelt und dreifach zu belohnen. Tun Sie sich das alles nicht an, befreien Sie sich richtig! Sie werden sehen: Man braucht überhaupt keine Zigaretten.[79]

Manche Raucher sagen, sie wollen ja aufhören, aber sie könnten es nicht. Damit meinen sie eigentlich, sie möchten ja aufhören, aber noch mehr möchten sie die Qualen des Entzugs vermeiden. Dabei gibt es überhaupt keine Qualen! Jeder Raucher kann völlig problemlos von heute auf morgen aufhören zu rauchen – auch Sie! Denn es ist keine Frage des Willens, sondern nur eine Frage der richtigen Überzeugung und eines einzigen Entschlusses. Später mehr dazu.

Raucher rauchen. Nichtraucher rauchen nicht. Raucher brauchen Zigaretten – ob einmal pro Woche oder hundertmal am Tag. Nichtraucher brauchen keine Zigaretten – niemals. Raucher wollen rauchen. Es fällt ihnen leicht zu rauchen. Sie müssten sich zum Nichtrauchen überwinden. Nichtraucher wollen nicht rauchen. Es fällt ihnen leicht, nicht zu rauchen. Sie müssten sich zum Rauchen überwinden. So einfach ist das.

Wir wollen zu Nichtrauchern werden. Und wie geht das?

## Zusammenfassung

- Rauchen ist die schwachsinnigste Sucht unserer Zeit.
- Wir rauchen ständig gegen unsere leichten Entzugserscheinungen an.
- Wir rauchen in allen möglichen Situationen.
- Wir können uns ein Leben ohne Zigaretten nur schwer vorstellen.

79 Es ist ja auch viel schwerer, nur einen Tag nicht zu rauchen, als nie mehr zu rauchen. Halbherzige Aufhörversuche verunsichern uns nur. Und was brauchen wir, wenn wir unsicher sind? Eine Zigarette.

- Wir haben Angst vor den Entzugserscheinungen beim Aufhören.
- Manche Menschen hören völlig problemlos mit dem Rauchen auf.
- Auch Sie werden völlig problemlos mit dem Rauchen aufhören.
- Viele Raucher wären gerne Gelegenheitsraucher.
- Aber Gelegenheitsraucher gibt es nicht. Es gibt nur Raucher und Nichtraucher.
- Raucher wollen rauchen, Nichtraucher wollen nicht rauchen.
- Ohne Zigaretten wird Ihnen überhaupt nichts fehlen.
- Ihr Ziel wird es sein, zum Nichtraucher zu werden.

# 27. Ärzte und Arzneien

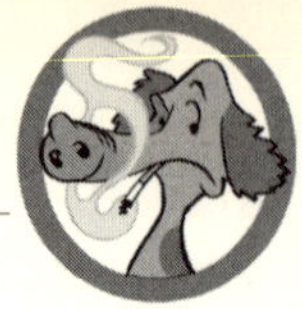

Wir wollen aufhören zu rauchen. Sollen wir also zum Arzt gehen? Besser nicht. Ärzte wissen zwar Bescheid, wenn wir ein gebrochenes Bein, hohes Fieber oder schlimme Bauchschmerzen haben. Aber vom Rauchen haben die meisten leider keine Ahnung.[80]

Was wissen Ärzte übers Rauchen? Sie wissen, dass das Rauchen krank und tot macht und dass wir besser nicht rauchen sollten. Vielen Dank, das wissen wir selbst. Sie wissen, dass sich viele Leute mit dem Aufhören schwer tun und man gegen die Entzugserscheinungen Nikotinpflaster, Spritzen oder Antidepressiva nehmen kann. Das wissen wir auch alles. Aber warum schaffen es damit trotzdem so wenige?

Viele Ärzte rauchen sogar selbst. Mit Grausen denke ich an mein Praktikum in der Herzchirurgie zurück. Der Chirurg gab sich immer große Mühe, den Patienten ihre Herzoperation zu erklären. Meistens waren sie Raucher und hatten sich vorgenommen, nie wieder zur Zigarette zu greifen. Einige litten dabei fürchterlich. Der Herzchirurg wiederum tat den ganzen Tag nichts anderes, als Herzkranzgefäße auszuschneiden, die vom Rauchen zerstört waren, und durch andere Blutgefäße oder kleine Plastikschläuche zu ersetzen. Trotzdem stellte er sich nach jedem Aufklärungsgespräch auf den Balkon des Patientenzimmers und rauchte erst mal eine Zigarette. Die schmachtenden Blicke der armen Herzkranken waren ihm völlig egal. Und ich rauchte jedes Mal mit – denn sonst war dazu kaum Gelegenheit. Es war pervers.

80 Liebe Kolleginnen und Kollegen, bitte verzeiht mir! Im Einzelfall täusche ich mich natürlich gerne.

Aber nicht nur Ärzte rauchen im Krankenhaus, sondern auch Krankenschwestern, Zivis, Küchenpersonal, Hausmeister und Verwaltungsangestellte. Dabei sollte man doch das Gegenteil erwarten, denn erst im Krankenhaus sieht man wirklich, was die Zigaretten aus uns machen. Aber gerade im Krankenhaus wird geraucht, was das Zeug hält. Warum? Weil auch im Krankenhaus ganz normale nikotinsüchtige Menschen arbeiten, die an die Sprüche der Zigarettenkonzerne glauben und die Chemiebrösel in Papier für schick, lecker und entspannend halten.

Leider ist das Dilemma des medizinischen Personals besonders groß: Wer ständig die Folgen des Rauchens vor Augen hat, hat besonders viel Stress. Und wenn Raucher Stress haben, rauchen sie. Übrigens sieht man nirgendwo so viele schreckliche Krankheiten wie auf den Intensivstationen unserer Krankenhäuser. Und wohl nirgendwo ist der Raucheranteil unterm Personal höher.

Doch was bedeutet es eigentlich, wenn die Ärztin und der Krankenpfleger selbst zur Zigarette greifen, obwohl sie genau

wissen, wie gefährlich das Rauchen ist? Sie dienen uns damit als Rechtfertigung für unsere eigene Nikotinsucht. Wir denken: Wenn die Frau Doktor auch raucht, dann kann das Rauchen ja nicht so schlimm sein. Dabei wäre auch Frau Doktor lieber Nichtraucherin, wenn sie wüsste, wie man das wird. Aber warum weiß sie es nicht?

Woher beziehen Ärzte ihr Wissen? Vom Studium und aus Fortbildungen. Doch sehr viele Forscher an den Unikliniken werden direkt von der Pharmaindustrie bezahlt. Und viele Fortbildungen und Kongresse auch. Doch die Pharmaindustrie verdient ihr Geld nicht mit Gesundheit, sondern mit Krankheiten. Und Ärzte leider auch. Und warum sollte man die Ursachen von Krankheiten bekämpfen, wenn man gegen die Krankheiten auch teure Pillen verkaufen kann? Sollten wir uns also nicht langsam fragen, wer noch am Rauchen Geld verdient, anstatt weiter blind auf Hilfe zu hoffen?

Schauen wir uns doch mal Nikotinpflaster, Nikotinpillen oder Nikotinnasensprays an: Sie sollen uns mit Nikotin versorgen, ohne dass wir den giftigen Rauch einatmen müssen. Doch zuerst müssen wir uns mühsam durch dicke Packungsbeilagen kämpfen, die uns vor schrecklichen Entzugserscheinungen warnen. Und dann erstellen wir komplizierte Tagespläne und müssen wochenlang Strichlisten führen, auf wie viele Zigaretten wir schon »verzichten« können. Kein Wunder, dass die meisten während der Therapie zur Zigarette greifen. Unterm Strich nehmen wir dabei die ganze Zeit die Droge ein, von der wir eigentlich loskommen wollen. Und hinterher rauchen wir weiter, als wäre nichts gewesen, was die Pharma-Fachleute dann auf die schlimme Sucht schieben. All das ist so lächerlich, als wollte man Alkoholiker mit Weinbrandbohnen therapieren.[81]

81 Ich sollte objektiv bleiben: Dass Nikotinersatzpräparate das Aufhören erleichtern können, hat man wissenschaftlich nachgewiesen. Allerdings schaffen es

Vor kurzem erschien in einer großen Ärztezeitschrift ein interessanter Artikel. Er deckte auf, wie Pharma- und Zigarettenindustrie bei der Produktion von Nikotinkaugummis zusammenarbeiten.[82] Schieben sich da etwa zwei Milliarden-Industrien gegenseitig die Kunden zu? Wir scheinen ja ein Bombengeschäft zu sein!

Vielen Dank. Diese Hilfe brauchen wir nicht. Wir schaffen das schon alleine.

## Zusammenfassung

- Ärzte wissen meist zu wenig übers Rauchen.
- Im medizinischen Umfeld gibt es sehr viele Raucher.
- Das dient uns indirekt als Rechtfertigung fürs Rauchen.
- Das Geld für unser medizinisches Wissen kommt meist von der Pharmaindustrie.
- Die Pharmaindustrie verdient ihr Geld aber nicht mit Gesundheit, sondern mit Krankheit.
- Also kümmern sich zu wenige darum, wie man ohne Medikamente gesund wird.
- Nikotinersatzpräparate versorgen uns mit der Droge, von der wir eigentlich loskommen wollen. Das ist unnötig.
- Manchmal arbeiten Pharma- und Tabakindustrie zusammen und schieben sich gegenseitig Kunden zu.
- Wir werden keinen Arzt und keine Medikamente brauchen, um zu Nichtrauchern zu werden.

weit mehr Raucher – auch Sie! – ohne Pharmahilfe. Denn die meisten Raucher hören einfach so das Rauchen auf, ohne auf irgendeine fremde Hilfe zurückzugreifen. Wie das am einfachsten geht, erfahren Sie später. Also probieren Sie es bitte auch zunächst ohne fremde Hilfe. Vor allem müssen Sie nicht schon wieder ein teures Produkt kaufen.

82 Journal of the American Medical Association 2002; 288: 738–744

## 28. Psychologen, Placebos und Psychopathen

Ärzte können uns also nicht helfen. Wie sieht es dann mit den Psychologen aus? Sollen wir vielleicht eine Psychotherapie machen? Nein, das muss nicht sein. Ich bin zwar ein großer Fan von Psychotherapie, und im Einzelfall sind psychotherapeutische Nichtraucherprogramme sicherlich wertvoll,[83] aber: Das Rauchen ist keine psychische Störung! Und die meisten Raucher schaffen es ohne fremde Psycho-Hilfe, zu Nichtrauchern zu werden.[84]

Im Wesentlichen gibt es zwei Schulen der Psychotherapie: die Tiefenpsychologie und die Verhaltenstherapie. Die Tiefenpsychologie hat Sigmund Freud (1856–1939) entwickelt. Sie geht davon aus, dass wir Menschen von unbewussten – tiefen – Motiven, Trieben und Konflikten gesteuert werden, die uns manchmal Probleme machen.[85] Wenn wir uns beim Tiefenpsychologen entspannt auf eine Couch legen und laut über unser Leben nachdenken, können wir das Unbewusste erkennen und so herausfinden, was bei uns in die falsche Richtung gelaufen ist. Nach ein paar Jahren wissen wir dann bestens über uns selbst

83 So hat man nachgewiesen, dass die kognitive Verhaltenstherapie beim Aufhören helfen kann.

84 Falls Sie es mit der hier beschriebenen Methode nicht schaffen, besuchen Sie bitte zunächst ein Nichtraucher-Seminar. Und wenn es dann immer noch nicht klappt, sollten Sie weitere Hilfsangebote annehmen – es geht hierbei um Ihr Leben.

85 Sigmund Freud hat sozusagen unseren inneren Schweinehund Günter (oder Paula) entdeckt.

Bescheid und haben alles im Griff.[86] So etwas nennt man dann Psychoanalyse.

Leider konzentriert sich die Psychoanalyse oft auf persönliche Schwächen und Probleme anstatt auf Stärken und Möglichkeiten. Das kann verunsichern. Denn man analysiert lieber vage Problemursachen, anstatt nach konkreten Lösungen zu suchen.[87] Kritiker nennen so etwas dann spöttisch »Paralyse durch Analyse«. Und manch ein Reflexionsprofi ist schon mit einem alten Problem zum Analytiker gekommen und mit zehn neuen Problemen wieder gegangen. Keine guten Aussichten also, das Rauchen loszuwerden.

Aber vielleicht haben Sie ja Spaß am Fantasieren? Denn je intelligenter ein Süchtiger, desto fantasievoller seine Ausreden: Einer meiner Seminarteilnehmer – übrigens ein Psychoanalytiker – gab zum Beispiel ständig seiner Mutter die Schuld am Rauchen. »Sie hat mich zu schnell abgestillt. Sonst bräuchte ich nicht diese orale Befriedigung.« Ich versuchte ihm zu erklären, dass Rauchen nichts mit oraler Befriedigung zu tun hat. Wir inhalieren den Rauch nur, um ans Nikotin zu kommen – sonst könnten wir ja auch einfach am Filter nuckeln. Doch der arme Mann hatte wohl ein paar Jahre zu viel in der Nähe der Couch verbracht. Wahrscheinlich raucht er immer noch …

Andere Menschen interpretieren eine Sucht metaphorisch als Suche nach einem tieferen Lebenssinn, Liebe oder Geborgenheit. Bitte lassen Sie sich nicht von Ihrer Intelligenz hinters Licht führen: Sie rauchen, weil Sie noch nikotinsüchtig sind und man

86 Liebe Psychoanalytiker, bitte verzeihen Sie mir die sehr einfache Darstellung!

87 Übrigens war Sigmund Freud ein stark abhängiger Raucher. Er schaffte es noch nicht einmal, von seinen Zigarren und Pfeifen loszukommen, als ihm zahlreiche Entzündungen und Geschwüre Mund und Kiefer zerfraßen. Deswegen musste er in seinen letzten Lebensjahren sogar Kieferprothesen tragen.

Ihnen über Zigaretten Blödsinn erzählt hat. Alles andere ist Kaffeesatzleserei. Sie haben keinen Psycho-Schaden, sondern sind am ehesten ein Marketing-Opfer.

Die Verhaltenstherapie geht ein wenig pragmatischer vor und erscheint daher recht viel versprechend. Sie konzentriert sich nicht so sehr darauf, wo unsere Probleme herkommen, sondern sie trainiert uns schädliches Verhalten einfach schrittweise ab:[88] Wer Höhenangst hat, steigt auf hohe Türme. Wer schüchtern ist, spricht fremde Menschen an. Und wer raucht, soll sich seine Gründe klar machen und sich das Rauchen dann nach einem festen Plan abtrainieren.

Doch was bei Höhenangst und Schüchternheit gut funktioniert, ist beim Rauchen oft schwierig: Denn wenn man wochenlang sein Verhalten kontrollieren und vielleicht sogar Zigaretten-Strichlisten führen muss, kann man daran leicht die Lust verlieren. Und wenn man das Rauchen nach Plan reduziert, scheinen die täglich weniger werdenden Zigaretten mit der Zeit immer besser zu schmecken – je weniger wir rauchen, desto lauter schreit ja der Wildschweinwolf. Und wenn wir ihm endlich sein Nikotin geben, ist die Ruhe besonders schön. Also belohnen wir uns mit den Zigaretten, obwohl wir sie doch eigentlich loswerden wollen. Was für ein grausamer Verlust.[89]

Und was ist mit Hypnose, Akupunktur, Homöopathie und den unzähligen anderen alternativen Heilmethoden? Leider kenne ich keine Statistik, die deren Wirksamkeit belegt. Aber ich kenne

88 Liebe Verhaltenstherapeuten, bitte verzeihen Sie mir die sehr einfache Darstellung!

89 Der totale Nikotinstopp ist viel einfacher als das langsame Reduzieren. Leider bringen uns sogar manche Therapieprogramme auf den Gedanken, dass wir ohne Zigaretten eine Art Verlust erleben und das Ende hinauszögern müssen. Dabei stimmt das gar nicht. Ganz ohne Zigaretten geht es uns gleich viel besser!

den Placebo-Effekt: Wenn ich glaube, dass mir etwas hilft, dann hilft es mir auch. Vielleicht unterstützen also manche Methoden unsere Entschlusskraft und führen so vereinzelt zum Erfolg.[90] Also: Wenn es uns beim Nichtrauchen hilft – bitte schön! Wer heilt, hat Recht.

Aber warum schaffen es dann so viele Raucher, ganz ohne fremde Hilfe mit dem Rauchen aufzuhören?[91] Vielleicht brauchen wir ja gar keine geheimnisvolle »Methode«?

Machen Sie sich keine Sorgen. Sie werden genauso einfach mit dem Rauchen aufhören können wie Millionen Ex-Raucher vor Ihnen: In einem einzigen Rutsch, gut gelaunt und ohne Entzugserscheinungen. Und Sie werden das ganz alleine schaffen.

## Zusammenfassung

- Die Psychoanalyse erforscht in uns das Unbewusste.
- Wenn wir das Unbewusste erkennen, können wir uns vielleicht verändern.
- Wir können uns aber auch verändern, ohne das Unbewusste zu erkennen.
- Und manchmal interpretieren wir zu viel herum, anstatt einfach zu handeln.
- Also müssen wir keine Psychoanalyse machen, um das Rauchen aufzuhören.
- Die Verhaltenstherapie trainiert uns schädliches Verhalten einfach schrittweise ab.
- Leider ist das etwas kompliziert, und die wenigen Zigaretten scheinen auch noch besonders gut zu schmecken.

90 Der eigentliche Nikotinentzug ist ohnehin so schwach, dass wir ihn kaum spüren.

91 Und sogar sehr oft, obwohl sie vorher mehrmals gescheitert waren!

- Also brauchen wir keine Verhaltenstherapie. Wir können unser Verhalten selbst verändern.
- Alternative Heilmethoden können unsere Entschlusskraft steigern.
- Aber wir brauchen keine fremde Hilfe bei Entschlüssen. Wir können uns selbst entscheiden.
- Sie selbst werden es schaffen, von den Zigaretten loszukommen.

## 29. Der Nikotinentzug

Die ganzen Hilfsmittel zum Aufhören scheinen also Macken zu haben. Sollen wir es vielleicht ganz ohne fremde Hilfe schaffen? Seien wir doch mal mutig und fragen wir uns: Was würde eigentlich passieren, wenn wir ab sofort einfach nicht mehr rauchen? Unser Körper würde das Nikotin abbauen. Und das ginge sehr schnell: Schon morgen früh hätten wir das meiste Gift ausgeschieden, und morgen Mittag wäre so wenig Nikotin im Blut wie seit vielen Jahren nicht mehr. In etwa zwei Wochen wäre dann endlich alles Gift draußen. Wie man sich wohl ganz ohne Nikotin fühlt?

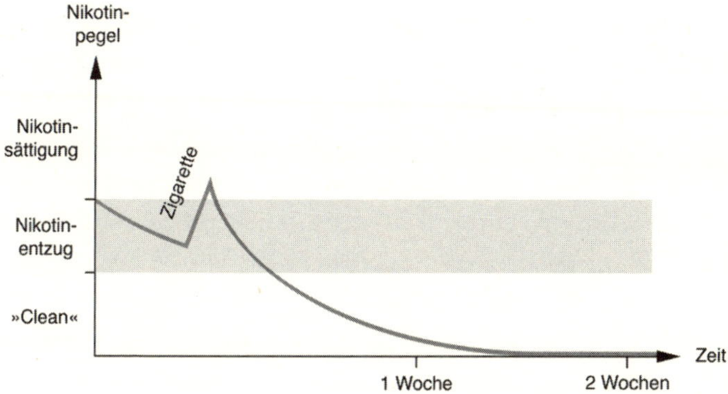


Der Wildschweinwolf lacht uns hämisch aus: »Bist du verrückt? Ich würde dich so lange quälen, bis du wieder zur Zigarette greifst. Du hättest schreckliche Entzugserscheinungen!«

Aber sind die Entzugserscheinungen in Wirklichkeit nicht ziemlich schwach? Schließlich geht es nur um dieses dumme

Gefühl in der Brust – nur um eine leichte Leere, gegen die wir ständig anqualmen. Wir bilden uns ein, dass Zigaretten gegen das dumme Gefühl helfen, obwohl sie es eigentlich hervorrufen. Dabei wird das Leeregefühl ganz von alleine weniger. Haben wir nicht schon viele Situationen erlebt, in denen wir stundenlang überhaupt nicht geraucht haben?[92] Außerdem kennen wir viele Ex-Raucher, die ihre Zigaretten einfach so von heute auf morgen nicht mehr angerührt haben. Die meisten behaupten sogar, das sei viel leichter gewesen, als sie sich je vorgestellt hätten.

»Lügner!«, schreit der Wildschweinwolf. »Alles Lügner!« Doch Günter hält ihm den Mund zu. Unser innerer Schweinehund ist neugierig geworden.

Wie war das noch gleich mit den Nerven? Unsere Nerven müssen gegen das Nikotin unempfindlich werden, damit wir das Gift der Zigaretten überhaupt ertragen können. Und dann fühlen sich unsere Nerven nur normal, wenn sie regelmäßig Nikotin bekommen. Sobald der Pegel zu tief wird, bekommen wir das dumme Gefühl in der Brust und wir müssen wieder eine Zigarette rauchen – die Leere muss wieder gefüllt werden.

»Du wirst mich niemals los!«, freut sich der Wildschweinwolf. Er hat sich von Günter losgerissen und stänkert drauflos: »Von Minute zu Minute würde das Gefühl in deiner Brust stärker werden. Und irgendwann greifst du dann doch wieder zur Zigarette, weil du es nicht mehr aushältst!«

Aber Moment: Wir wissen auch, dass sich der Wildschweinwolf stundenlang zurückhält, wenn er muss.[93] Kann es denn sein, dass die Entzugserscheinungen so schwach sind, dass wir sie gar nicht

92 Zum Beispiel schlafen wir, ohne zu rauchen. Oder wir sitzen ohne Zigarette stundenlang im Flugzeug. Oder wenn wir uns auf etwas Interessantes konzentrieren, arbeiten wir manchmal stundenlang durch, ohne zu rauchen.

93 Zum Beispiel nachts beim Schlafen oder bei einer Prüfung oder im Flugzeug.

spüren, sobald wir an etwas anderes denken? Und die erste Zigarette des Tages ist doch wieder ziemlich stark. Das heißt ja, dass unsere Nerven schon nach einer Nacht viel gesünder geworden sind! Ob wir nach einer Nacht Entzug schon fast clean sind und wir die erste Zigarette des Tages überhaupt nicht brauchen? Manche Raucher greifen jeden Tag schließlich erst am Mittag oder Nachmittag zur ersten Zigarette – und dann rauchen sie wieder eine nach der anderen. Aber warum halten sie es vorher so lange ohne Zigarette aus? Weil sie das Leeregefühl gar nicht mehr haben, denn der Entzug ist über Nacht schon vorbei! Ob wir die erste Zigarette des Tages auch einfach mal weglassen sollten? Dann müssten wir die Kettenreaktion gar nicht anfangen, weil unsere Nerven überhaupt kein Nikotin mehr brauchen.

Der Wildschweinwolf ist bleich geworden. Er ahnt, dass wir uns auf dem richtigen Weg befinden. Günter dagegen spitzt die Ohren. Er hat seinen Kopf zur Seite geneigt und schaut uns aufmerksam an.

Warum greifen wir denn zur ersten Zigarette des Tages? Kann es sein, dass wir das einfach nur aus Gewohnheit tun, ganz automatisch? Wann sind wir denn zuletzt auf die Idee gekommen, mal einen Tag ganz ohne Zigaretten zu verbringen?[94] Vielleicht müssen wir überhaupt nicht rauchen, weil wir diese erste Zigarette überhaupt nicht brauchen? Vielleicht müssen wir die Kettenreaktion gar nicht in Gang setzen und sehen das seit Jahren nicht? Vielleicht sollten wir mit dem Rauchen einfach so aufhören, ohne uns Sorgen um Entzugserscheinungen zu machen? Ob wir uns das trauen sollen?

Der innere Schweinehund ist jetzt ganz aufgeregt. Er ahnt, dass wir es dieses Mal tatsächlich schaffen könnten, die Sucht zu besiegen.

94 Falls Sie das öfter machen, können Sie sicherlich bestätigen, wie einfach es ist.

Können Sie sich schon vorstellen, wie stolz Sie bald auf sich sein werden? Können Sie sich vorstellen, wie sich Ihre wichtigsten Menschen für Sie freuen werden? Können Sie sich vorstellen, was Sie im Leben noch alles erreichen können? Fangen Sie schon einmal an zu träumen – Ihre Träume könnten bald wahr werden!

## Zusammenfassung

- Sobald wir nicht mehr rauchen, baut unser Körper das Nikotin schnell ab.
- Wenn der Nikotinspiegel sinkt, bekommen wir das dumme Gefühl.
- Also rauchen wir wieder, und das dumme Gefühl ist für kurze Zeit weg.
- Rauchen ist eine Kettenreaktion, um das dumme Gefühl zu beseitigen.
- Allerdings können wir problemlos schlafen, ohne zu rauchen.
- Und auch am nächsten Tag können wir zunächst stundenlang ohne Zigarette auskommen.
- Mit der ersten Zigarette des Tages setzen wir die Kettenreaktion dann wieder in Gang.
- Aber vor der ersten Zigarette haben wir das dumme Gefühl gar nicht.
- Also müssen wir gar nicht aufhören zu rauchen, wir brauchen damit nur nicht mehr anzufangen.
- Wenn wir die erste Zigarette weglassen, müssen wir in die Kettenreaktion gar nicht erst einsteigen.
- Wir könnten in aller Ruhe unseren Nikotinspiegel abbauen und unsere Nerven gesund werden lassen.
- Schon nach einer Nacht ist unser Nikotinspiegel deutlich gesunken.

- Die Entzugserscheinungen sind kaum zu spüren, und schon morgen Mittag sind wir so gut wie clean.
- Und nach zwei Wochen haben wir fast alles Nikotin abgebaut.

## 30. Die Macht der Schmacht?

Okay. Der körperliche Entzug ist also schon morgen vorbei. Aber gibt es da nicht auch diese anderen Entzugserscheinungen? Gemeine Angriffe auf unseren Seelenfrieden? Quälende Depressionen? Explodierende Aggressionen? Fiese Attacken, die wie Heißhunger über uns hereinbrechen? Schwitzen, Herzklopfen, Zittern, Weinen und Nervosität?

»Genau!«, triumphiert der Wildschweinwolf. »Du müsstest wochenlang schrecklich leiden!« – »Sei endlich still!«, zischt Günter. »Ich will zuhören.«

Keine Sorge: All diese so genannten Entzugserscheinungen sind in Wirklichkeit nur Gedanken. Sie zweifeln? Dann stellen Sie sich bitte eine Zitrone vor. Sie ist groß, reif und saftig. Nun legen Sie die Zitrone auf ein Küchenbrett und schneiden mit einem scharfen Messer beide Spitzen ab. Sie trennen die Zitrone längs in zwei Hälften, so dass zwei große, saftige Zitronenschnitze entstehen. Sie nehmen einen Zitronenschnitz in die Hand und führen ihn zum Mund. Dann beißen Sie herzhaft zu. Ihre Zähne dringen in das feuchte Fruchtfleisch ein, und Sie schmecken nur sauer, sauer, sauer.

Und? Haben Sie einen feuchten Mund bekommen?[95] Wie kommt das? Meine kleine Zitronengeschichte hat in Ihrem Kopf eine Reaktion ausgelöst. Sie haben sich bildhaft vorgestellt, was ich geschildert habe. Und weil Sie wissen, wie sauer Zitronen sind, haben Ihre Speicheldrüsen schon mal reagiert: Sie haben

95 Falls nicht, lesen Sie bitte noch einmal ganz langsam und stellen Sie sich alles ganz genau vor.

versucht, den sauren Zitronensaft zu verdünnen, obwohl er gar nicht da war. Meine kleine Geschichte hat in Ihnen einen alten Bimmel-Sabber-Reflex reaktiviert. Dabei bestand meine Geschichte nur aus Gedanken – sie ist gar nicht wirklich passiert. Könnte es nicht sein, dass auch der Wildschweinwolf nur so ein Gedanke ist?

Manchmal trinken wir einen Kaffee, stehen im Stau oder langweilen uns. Und plötzlich spüren wir die bekannte Leere in der Brust. Dann haben wir den Impuls, eine Zigarette zu rauchen, obwohl es uns vorher gut gegangen ist. Warum nur? Wir haben eine leichte Schmacht bekommen.[96] Genau das ist der Wildschweinwolf! Der Wildschweinwolf hat eine Situation wieder erkannt, in der wir schon oft zur Zigarette gegriffen haben: Kaffee, Stau oder Langeweile. Und schon geht der alte Bimmel-Sabber-Reflex wieder los, und der Wildschweinwolf motzt: »Rauch doch eine Zigarette!« Was sollen wir jetzt tun? Eine Zigarette rauchen?

Wie reagieren Sie, wenn Sie eine Zigarette rauchen wollen und gerade keine rauchen dürfen? Steigern Sie sich rein, bis Sie einem Nervenzusammenbruch nahe sind? Natürlich nicht. Sie unterdrücken einfach den Impuls. Sie denken sich: »Jetzt nicht!« Und schon ist der Gedanke an die Zigarette wieder weg. Eine solche Schmacht dauert meistens nur ein paar Sekunden – sie besteht ja nur aus Gedanken! Und Gedanken können schnell kommen und schnell wieder gehen.

Falls Sie also einmal in die Schmachtfalle treten: Wollen Sie wegen ein paar blöden Sekunden wieder die tödliche Kettenreaktion in Gang setzen? Auf gar keinen Fall! Denken Sie einfach an etwas anderes. Vielleicht lenken Sie sich ein bisschen ab? Zum Beispiel, indem Sie an die frische Luft gehen oder ein Glas Wasser

96 Die Fachleute nennen das auf Neudeutsch »Craving«. Aber wir wollen ja nicht akademisch werden.

trinken.[97] Oder Sie stellen sich vor, wie radioaktiver Zigarettenrauch Ihre Lungen verstrahlt. Oder Sie freuen sich einfach darüber, dass Sie nicht mehr rauchen müssen. Es wird Ihnen sicher etwas einfallen. Bringen Sie immer nur den Moment direkt vor Ihnen hinter sich. Und schon nach ein paar Sekunden ist die Schmacht wieder vorbei. Das Wichtigste ist jedenfalls: Greifen Sie nicht wieder zur Zigarette!

Aber so schlimm wird es gar nicht werden: Stellen Sie sich mal vor, Sie hätten einen riesigen Heißhunger auf Currywurst mit Pommes.[98] Wie würden Sie sich fühlen, wenn nun alle Menschen um Sie herum gierig Currywurst mit Pommes verschlingen,[99] und nur Sie dürften davon nichts essen? Es ginge Ihnen vermutlich schlecht. Aber wie würden Sie sich fühlen, wenn Sie als Einziger wüssten, dass diese Currywurst mit Salmonellen verseucht ist? Jetzt hätten Sie damit überhaupt kein Problem mehr! Vielleicht müssten Sie sogar ein wenig schmunzeln, weil Sie sich vorstellen, wie die anderen alle Durchfall bekommen.

Also keine Sorge, mittlerweile haben Sie verstanden, wie das Rauchen funktioniert. Mit der richtigen inneren Einstellung wird es kinderleicht, zum Nichtraucher zu werden. Sie brauchen sich nicht mehr vorzumachen, dass Zigaretten kleine Freunde seien. Sie denken an Nagellackentferner, Lungenschleim und Angst. Und wenn Ihnen ein armer Teufel erzählt, er hätte schlimme Depressionen gehabt, als er das Rauchen aufgehört hat, können Sie ihn bedauern: Wahrscheinlich hat er immer noch die Zigaretten-Lügen im Kopf und denkt, dass er auf etwas verzichten muss. Manche behaupten sogar, sie seien vom Nichtrauchen so aggressiv

97 Fangen Sie aber auf keinen Fall das Naschen an!

98 Oder Pralinen? Pizza? Popcorn?

99 Obwohl Sie selbst nicht mehr rauchen: Sie werden immer wieder von Rauchern umgeben sein.

geworden, dass sie unbedingt wieder rauchen mussten. Wahrscheinlich haben sie ihr Umfeld nur absichtlich tyrannisiert, damit man sie wieder zum Rauchen gedrängt hat. Es wäre Ihnen wohl zu peinlich gewesen, wieder einfach so damit anzufangen.[100] Keine Frage: Auch diese armen Teufel haben noch die ganzen Zigaretten-Lügen im Kopf. Machen Sie sich also keine Sorgen, bei Ihnen wird es viel leichter sein!

Kreidebleich holt der Wildschweinwolf jetzt sein Totschlagargument hervor: »Aber wenn du nicht mehr rauchst, wirst du bald dick und fett sein!« Ob er damit Recht hat?

## Zusammenfassung

- Obwohl wir keine biologischen Entzugserscheinungen mehr haben, können wir eine Schmacht auf Zigaretten bekommen.
- Diese Schmacht wird von typischen Rauchauslösern hervorgerufen: bestimmte Gedanken oder Situationen, in denen wir schon oft geraucht haben.
- Die Schmacht ist aber nur ein Gedanke. Sie ist genauso schnell weg, wie sie gekommen ist.
- Greifen Sie bei Schmacht niemals zur Zigarette!
- Sie können versuchen, sich abzulenken oder an etwas anderes zu denken.
- Am besten freuen Sie sich darüber, dass Sie nicht mehr rauchen.
- Die Schmacht geht sehr schnell vorbei.
- Aber weil Sie sich keine Illusionen mehr übers Rauchen machen, werden Sie wahrscheinlich sowieso keine Schmacht bekommen.

100 »Also ich hätte ja durchgehalten. Aber wenn mich die anderen zum Rauchen drängen, kann ich auch nichts machen.« Irrtum. Nur Sie alleine sind dafür verantwortlich, was Sie in Ihrem Leben tun!

# 31. Das Märchen vom Dickwerden

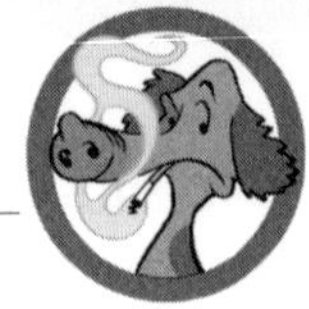

Haben Sie Angst davor, dick zu werden, wenn Sie nicht mehr rauchen? Kenne ich. Diese Angst war einer der Hauptgründe, warum ich erst so spät mit dem Rauchen Schluss gemacht habe. Ich bin nämlich sehr eitel. Vielleicht hätte ich sogar trotz aller Euphorie wieder zu rauchen angefangen, wenn ich damals zugenommen hätte. Aber ich habe sogar zwei Kilo abgenommen, als ich zum Nichtraucher wurde! Und mit dem richtigen Wissen ging das ganz einfach.

Was war vermutlich der beste Werbespruch aller Zeiten? Richtig: »Rauchen macht schlank.« Den dachte sich Edward L. Bernays (1891–1995) aus, als die American Tobacco Company mehr Frauen zum Rauchen bewegen wollte.[101] Bernays war ein berühmter PR-Experte und übrigens ein Neffe von Sigmund Freud. Neben »Rauchen macht schlank« erfand Bernays auch den Spruch »Rauchen desinfiziert«. Beide Aussagen ließ er nun landauf und landab von gekauften Experten verkünden, und die Frauen fingen zu Tausenden an zu rauchen.[102] Dass Zigaretten nicht desinfizieren können, wissen wir mittlerweile. Aber dass Rauchen schlank machen soll, glauben wir immer noch. Warum? Weil es manchmal fett macht, wenn man falsch aufhört! Aber der Reihe nach.

101 Eine Werbekampagne lautete zum Beispiel: »Wenn der Appetit zu groß wird: Greifen Sie lieber zur Lucky«

102 Bei einer weiteren Zigaretten-Promotion inszenierte er auf der New Yorker Fifth Avenue einen Protestmarsch rauchender Frauen. Sie sollten das Zigaretten-Rauchen zu einem Symbol der Emanzipation machen.

Wie fühlt sich ein Nikotinentzug an? Wie ein leichtes Leeregefühl im Brust- und Bauchbereich. Wir spüren eine leichte Unzufriedenheit und bekommen das Signal: »Rauch eine Zigarette!« Wie fühlt sich Hunger an? Wie ein dumpfes Leeregefühl im oberen Bauch. Und wir sind ein wenig unzufrieden und bekommen das Signal: »Iss etwas!« Nikotinentzug und Hunger fühlen sich also sehr ähnlich an. Es ist fast so, als hätten wir Raucher immer einen doppelten Hunger: einen echten und einen falschen, der vom Nikotin kommt.

Wenn wir nicht mehr rauchen, spüren wir zunächst einen leichten Nikotinentzug, der uns ein kleines bisschen an Hunger erinnert. Er tut nicht weh und geht nach ein paar Tagen von selbst wieder weg. Wenn wir ihn aber mit echtem Hunger verwechseln, bekommen wir ein Problem: Wir essen dagegen an und können nicht satt werden. Es ist ja auch kein Hunger, sondern Nikotinentzug! Die Waage zeigt also immer mehr Kilos an, bis wir die Schnauze voll haben: Wir fangen wieder an zu rauchen und rechtfertigen unser Scheitern mit den angeschwollenen Fettpolstern. Dafür hat jeder Verständnis, weil keiner es besser weiß, und wir können ohne Gesichtsverlust weiterrauchen. Weil Rauchen aber gar nicht schlank macht, bleiben unsere neuen Pfunde meist auf den Hüften. Und beim nächsten Versuch, das Rauchen aufzuhören, geht das Spiel wieder von vorne los. Wir nehmen weiter zu und geben bald entnervt wieder auf. Rauchen scheint unser Gewicht zu stabilisieren. Lieber krank als fett. Also rauchen wir weiter.

Dabei ist die Lösung völlig einfach: Essen Sie genauso weiter wie bisher, obwohl Sie jetzt ein paar Tage lang ein wenig mehr Hunger haben. Wenn Sie zum Frühstück bisher immer ein Brötchen hatten, dann essen Sie jetzt keine zwei. Wenn Sie zum Mittagessen bisher keinen Nachtisch hatten, dann nehmen Sie sich jetzt auch keinen. Wenn Sie bisher keine Zwischenmahlzeiten hatten, dann gewöhnen Sie sich jetzt nicht das Naschen an. Und essen Sie auch am Abend so viel wie immer. Sie werden sehen: Der Nikotinhunger ist bald verschwunden, und Sie haben kein Gramm zugenommen.[103]

Aber Vorsicht, es lauern noch drei kleine Gefahren auf Sie: Erstens wird Ihnen das Essen jetzt viel besser schmecken – schließlich kann Ihre Nase wieder gut riechen. Zweitens erwartet sowieso jeder von Ihnen, dass Sie jetzt dick werden – also können Sie sich ruhig gehen lassen. Und drittens: Wenn Ihnen noch nicht ganz klar ist, dass Sie nur auf eine giftige Kettenreaktion verzichten, könnten Sie sich einbilden, etwas zu vermissen. Ich denke da mit Grausen an meinen Freund Georg. Jedes Mal, wenn er an eine Zigarette dachte, gönnte er sich einen Esslöffel Nutella. Und Georg dachte oft an Zigaretten. In zwei Monaten war Georg ganze

15 Kilogramm mehr geworden. Selbstverständlich raucht er wieder. Damit Ihnen keines dieser drei Schicksale widerfährt: Denken Sie einfach nur mit!

Vielleicht spukt Ihnen auch noch etwas durch den Hinterkopf: Sie haben sicher schon davon gehört, dass Nikotin den Stoffwechsel erhöht und so die

103 Unser Körper ist eine wunderbare Biomaschine mit eingebautem Autopilot. Vertrauen Sie mir einfach: Bitte nichts verändern!

Nahrung besser verbrannt werden kann. Machen Sie bitte die Augen auf! Wer ist denn dicker? Die Raucher oder die Nichtraucher? Klar: Die Raucher sind dicker. Sie haben schließlich immer den doppelten Hunger, achten weniger auf ihre Ernährung und bewegen sich weniger. Also lassen Sie sich bitte nichts einreden. Die Stoffwechselwirkung des Nikotins mag vielleicht im Labor nachweisbar sein, aber die Praxis sieht völlig anders aus. Sie sind schließlich keine unkontrollierte Laborratte.

Es gibt übrigens noch eine weitere Möglichkeit, die Kontrolle über Ihr Gewicht zu behalten: Bewegen Sie sich! Sie werden bald 30 Prozent mehr Luft in den Lungen haben und Sie werden wieder gesundes Blut voller Sauerstoff durch Ihre Gefäße jagen. Das bedeutet mehr Schwung und mehr Kraft – setzen Sie das auch um.[104]

Sie rauchen doch noch? Keine Sorge: Sie dürfen bald damit aufhören.[105] Bitte rauchen Sie weiter bis zum Kapitel »Jetzt geht's los!«

## Zusammenfassung

- »Rauchen macht schlank« ist eine Lüge aus der Werbung.
- Aber wer beim Aufhören Fehler macht, wird manchmal fett.
- Nikotinentzug fühlt sich so ähnlich an wie Hunger.
- Wer Nikotinentzug mit Hunger verwechselt, isst mehr und nimmt zu.
- Der Nikotinentzug ist bald vorbei. Kümmern Sie sich nicht darum!

104 Ich habe damals zum Beispiel angefangen zu joggen – eine Leidenschaft, die ich jetzt nicht mehr missen möchte.

105 Falls Sie schon damit aufgehört haben, fangen Sie natürlich nicht mehr an. Aber lesen Sie trotzdem weiter!

- Wenn Sie Ihr Essverhalten nicht verändern, nehmen Sie auch nicht zu.
- Vorsicht, das Essen wird besser schmecken – bitte mitdenken!
- Vorsicht vor Disziplinlosigkeit – bitte mitdenken!
- Vorsicht vorm Naschen – bitte mitdenken!
- Bewegen Sie sich!

# 32. Schicksal oder Entscheidung?

Glauben Sie eigentlich an Schicksal oder Vorherbestimmung? Ich weiß nicht, ob ich daran glauben soll. Ich glaube lieber daran, dass wir das meiste in unserem Leben selbst beeinflussen können – und zwar durch unsere Entscheidungen. Denn Entscheidungen führen zu Handlungen, und Handlungen führen zu Ergebnissen. Die Ergebnisse nennen wir dann gerne Schicksal. Also bestimmt nicht das Schicksal über unser Leben, sondern unsere Entscheidungen. Können Sie Auto fahren? Wahrscheinlich schon. Trotzdem würden Sie das Autofahren wohl nicht als Schicksal betrachten. Sie können Auto fahren, weil Sie sich einmal dazu entschieden haben, zur Fahrschule zu gehen. Wo stehen Sie gerade in Ihrem Leben? Welche Entscheidungen haben dazu geführt, dass alles so ist, wie es ist?

Vor vielen Jahren hatten Sie noch kein Verlangen nach Zigaretten. Dann haben Sie sich dazu entschieden, ein Raucher zu werden, und jetzt brauchen Ihre Nerven ständig Nikotin. Aber ist das auch Ihr Schicksal? Natürlich nicht! Denn Sie können sich jederzeit frei dazu entscheiden, wieder ein Nichtraucher zu werden. Und Sie werden, genau wie früher, kein Verlangen mehr nach Zigaretten haben.

Manchmal ist es allerdings sehr bequem, ans Schicksal zu glauben. Vor allem dann, wenn wir uns vor einer Entscheidung drücken wollen. Wir warten dann gerne so lange, bis uns ein anderer die Entscheidung abnimmt, und schieben am Ende wieder alles aufs Schicksal. Leider können wir so nicht über unser Leben bestimmen. Wir werfen damit jede Selbstverantwortung über Bord.

Meistens versuchen wir ja, unser Leben so gut wie möglich vorauszuplanen. Trotzdem lassen wir manche Probleme mit der Zeit immer größer werden, obwohl sowieso längst klar ist, wie wir sie entscheiden werden. Wie viele Jahre rauchen Sie schon? Und seit wie vielen Jahren wissen Sie, dass Sie eines Tages damit aufhören werden? Wann wollen Sie sich dazu entscheiden?

Kennen Sie das Rauchen nicht schon längst? Sie kennen den Husten, das Keuchen, die Angst und den Gestank. Sie wissen, dass Sie jeden Tag für teures Geld radioaktive Giftwolken inhalieren und davon immer ein bisschen kränker werden. Aber Sie wissen schon lange nicht mehr, wie frei und ausgeglichen man sich ohne Zigaretten fühlt. Sie wissen noch nicht, wie stolz Sie auf sich sein werden, und Sie haben noch keine Ahnung, wie gut frische Luft wirklich riecht. Bitte seien Sie neugierig, denn es gibt für Sie viel Neues zu entdecken!

Alles in unserem Leben war früher einmal neu, auch wenn wir jetzt daran gewöhnt sind – unser Partner, unser Job, unser Hund. Auch heute noch verändert sich unser Leben jeden Tag, und wir müssen immer etwas dazulernen. Und manche Veränderungen sind so groß und wichtig, dass wir uns so schnell wie möglich an sie anpassen sollten – sonst werden wir von ihnen überrollt. Ist Ihnen schon aufgefallen, wie sehr sich die Welt der Raucher verändert? Sie wird jeden Tag schwieriger: Rauchen macht krank, Rauchen wird immer teurer, und bald wird es überall verboten sein. Raucher haben ein schlechtes Gewissen, Raucher fühlen sich dumm, und alle wollen mit dem Rauchen am liebsten aufhören. Sie sehen diese Veränderungen direkt vor sich. Reagieren Sie darauf! Vielleicht ist es ja doch Schicksal, dass Sie jetzt gerade diese Zeilen lesen. Wer weiß?

Bitte warten Sie nicht, bis der Druck von außen zu stark wird! Ihr eigenes Handeln hat Sie in Schwierigkeiten gebracht. Sorgen Sie nun dafür, dass Ihr eigenes Handeln Sie da wieder rausholt! Denn wenn Sie noch länger abwarten, entscheiden Sie sich nur, alles so weiterzumachen wie bisher. Aber wer heute nichts verändert, erlebt morgen das Gleiche wie gestern: Gestank, Krankheit und Inkonsequenz. Nehmen Sie Ihr Schicksal also in die eigene Hand, und warten Sie nicht mehr länger mit Ihrer Entscheidung.

Falls Sie übrigens noch daran zweifeln, dass Sie so einfach mit dem Rauchen aufhören können, vertrauen Sie mir bitte! Solange Sie noch Nikotin im Blut haben, beeinflusst es Ihre Gedanken. Wenn das Nikotin ganz draußen ist, werden Sie alles viel klarer sehen. Haben Sie schon einmal versucht, ein kniffliges Problem zu lösen, solange Sie betrunken waren? Wahrscheinlich hatte es keinen Zweck – Sie mussten erst wieder nüchtern werden. Auch wir Raucher sind seit vielen Jahren wie betrunken – vom Nikotin. Im Moment sind Sie noch auf Droge. Erinnern Sie sich an den Heroin-Junkie und den Spieler? Vertrauen Sie mir, und werden Sie nüchtern!

Leider habe ich schon viele Menschen kennen gelernt, die wegen der Zigaretten an einer schlimmen Krankheit litten und daran sterben mussten. Viele von ihnen betrachteten das als ihr Schicksal. Es wäre für sie vermutlich unerträglich gewesen, sich einzugestehen, dass sie sich jahrelang nur vor der richtigen Entscheidung gedrückt haben, obwohl sie so einfach ist. Lassen Sie es nicht so weit kommen![106]

Was früher war, ist vorbei – Ihre Vergangenheit ist nicht Ihre Zukunft. Sie können jetzt bestimmen, was morgen passieren wird. Glauben Sie an sich selbst, und jede Veränderung ist möglich. Treffen Sie Ihre Entscheidung, und ziehen Sie die Entscheidung durch. Denn eine Entscheidung zu treffen bedeutet, jede andere Möglichkeit auszuschließen. Und dann lassen Sie die Veränderung von Dauer sein. Geben Sie Ihrem Leben wieder einen Sinn, und

106 Und falls es Ihnen bereits sehr schlecht geht, geben Sie bitte trotzdem nicht auf! Ohne Zigaretten wird es auch Ihnen schon bald viel besser gehen.

seien Sie sich selbst der Freund, den Sie verdient haben. Entscheiden Sie sich jetzt!

Bitte lesen Sie nun noch einmal die Zusammenfassungen der Kapitel 1 bis 14!

## Zusammenfassung

- Entscheidungen führen zu Handlungen.
- Handlungen führen zu Ergebnissen.
- Die Ergebnisse nennen wir gerne Schicksal.
- Also bestimmen unsere Entscheidungen unser Schicksal.
- Wir haben uns einmal dazu entschieden, zu Rauchern zu werden.
- Jetzt können wir uns entscheiden, wieder zu Nichtrauchern zu werden.
- Manchmal warten wir mit Entscheidungen zu lange ab.
- Dann wird unsere Inkonsequenz zu unserem Schicksal.
- Wir sollten die richtigen Entscheidungen treffen, bevor das Falsche von selbst passiert.

# 33. Ein Blick in die Zukunft

Haben Sie sich entschieden? Herzlichen Glückwunsch! Ihr innerer Schweinehund freut sich schon auf die kommenden Tage, und der Wildschweinwolf sitzt auf gepackten Koffern. Im nächsten Kapitel werden Sie die Sucht für immer aus Ihrem Leben verbannen, und Sie können einen ganz neuen Anfang machen. Was wird wohl alles passieren? Wagen wir doch einfach einen kleinen Blick in die Zukunft.

Im nächsten Kapitel müssen Sie noch mal rauchen – es sei denn, Sie wollen das nicht mehr. Danach baut Ihr Körper das Nikotin ab, und Sie werden endlich wieder nüchtern. Das geht sehr schnell: Schon einen Tag später werden Sie so gesund sein wie seit Jahren nicht mehr. Und nach etwa zwei Wochen hat sich Ihr Körper umgestellt, und das Gift ist ganz draußen. Sie werden sich herrlich fühlen! Sie werden nun besser riechen können, mehr Kraft haben und müssen endlich nicht mehr husten.[107] Sie werden sehr stolz auf sich sein und werden kaum glauben können, wie leicht Ihnen das Nichtrauchen fällt. Das Loch in der Brust wird weg sein, und die Zeit wird wie im Flug vergehen. Genießen Sie jeden Tag! Es werden vermutlich die spannendsten und aufregendsten Tage sein, die Sie seit Jahren erlebt haben. Und Sie werden sich immer wieder fragen: Warum habe ich überhaupt so lange geraucht?

Haben Sie auch schon gehört, dass es Monate oder gar Jahre dauert, bis man wieder ein richtiger Nichtraucher ist? Keine Sorge.

107 Manchmal kann der Husten für kurze Zeit mehr werden, weil das die Lunge zur Selbstreinigung braucht. Kein Grund zur Panik also – bald müssen Sie nicht mehr husten.

Das kommt nur daher, dass es manche Leute gerne kompliziert machen: Erst werden sie Nichtraucher und zweifeln daran, ob sie sich richtig entschieden haben. Nun fangen sie wieder zu rauchen an und haben schon wieder Zweifel, weil es als Nichtraucher schöner war. So ein Hin und Her kann ewig dauern. Machen Sie es besser! Nichtraucher wird man durch den Entschluss, Nichtraucher zu werden und zu bleiben. Raucher rauchen, Nichtraucher rauchen nicht. Und weil Sie nach dem nächsten Kapitel nicht mehr rauchen werden, sind Sie schon nach dem nächsten Kapitel ein Nichtraucher. Nichtraucher ist man im Kopf, nicht in einer Statistik. Ihr Körper wird sich ganz von alleine umstellen, Sie müssen auf gar nichts mehr warten.

Aber was passiert, wenn der Wildschweinwolf plötzlich wiederkommt und nach Nikotin bettelt? Ganz einfach: Ignorieren Sie ihn! Stellen Sie sich mal vor, ein Hund kommt zum Esstisch und bettelt. Wenn Sie ihm etwas zu fressen geben, ist er zwar für kurze Zeit zufrieden, aber er wird schon bald wiederkommen und weiterbetteln. Er würde Sie erst dann in Ruhe essen lassen, wenn Sie ihn am Tisch nie wieder füttern. Und der Wildschweinwolf ist letztlich nur ein Gedanke. Steigern Sie sich nicht hinein, sondern machen Sie das Beste daraus! Gedanken kommen und gehen – selbst wenn ein Gedanke mal ein ungutes Gefühl auslöst. Machen

Sie aus einer Mücke keinen Elefanten! Sobald der Gedanke wieder weg ist, fühlen Sie sich gleich besser. Hier geht es nicht um ein paar Sekunden diffuses Gefühl, sondern um Ihr Leben. Füttern Sie den Wildscheinwolf nie wieder, und er wird sie für immer in Ruhe lassen!

Also: Passen Sie auf, wenn Sie in die Bimmel-Sabber-Falle treten! Wenn Sie Stress haben, mal traurig sind oder einen Kaffee trinken – rauchen Sie dabei auf gar keinen Fall eine Zigarette.[108] Schicken Sie den Wildschweinwolf konsequent weg! Zur Not lenken Sie sich einfach ab: Singen Sie Ihr Lieblingslied, küssen Sie Ihren Kollegen oder rechnen Sie im Kopf 14 mal 32. Oder machen Sie sich Ihre eigene Gehirnwäsche, indem Sie innerlich alle Gründe gegen das Rauchen aufzählen. Warten Sie auf jeden Fall ab, bis der Impuls vorbei ist, und dann freuen Sie sich darüber, dass Sie schon wieder nicht geraucht haben.

Nehmen Sie nie wieder Nikotin zu sich – egal, ob als Zigarette, Pfeife oder Schnupftabak. Und nehmen Sie keine Nikotinersatzpräparate. Sie wissen ja: Auch wenn Sie den Hund am Tisch nur ein bisschen füttern, wird er wiederkommen. Und wenn Sie dem Wildschweinwolf nur ein einziges Mal Nikotin geben, werden Sie nicht mehr nüchtern sein und schon bald die nächste Zigarette rauchen. Die Kettenreaktion würde wieder von vorne losgehen, und Sie würden sich nur schlecht und inkonsequent fühlen. Also denken Sie daran: Nur »eine einzige Zigarette« gibt es nicht, es gibt nur eine ganze Kette von Zigaretten. Rauchen Sie nie wieder![109]

Am besten machen Sie die Bimmel-Sabber-Reflexe übrigens rückgängig, indem Sie sich gleich mit Volldampf in Ihren Alltag

108 Wenn Sie sich automatisch doch mal eine angezündet haben, machen Sie sie einfach wieder aus.

109 Aber machen Sie sich keine Sorgen wegen Passivrauchens. Hier reichen die Nikotindosen nicht aus, um Sie wieder »anzufixen«.

stürzen.[110] Vieles wird Ihnen am Anfang neu vorkommen, aber es wird spannend sein und Sie sehr stolz machen. Und neue Gewohnheiten sind erst Spinnweben, dann Drahtseile. Seien Sie also mutig und selbstbewusst und stellen Sie sich freudig den Situationen, in denen Sie früher geraucht hätten: Gehen Sie auf Partys, trinken Sie Kaffee und treffen Sie sich ruhig mit Rauchern. Sehen Sie bewusst dabei zu, wie sich Raucher vergiften, nur weil sie das Nikotin brauchen, und schmunzeln Sie über ihre vielen Ausreden. Aber bitte seien Sie nett zu den Rauchern! Jeder wird jetzt auf Sie neidisch sein, weil Sie sich etwas zutrauen, von dem ein Raucher gar nicht zu träumen wagt. Also keine Besserwisserei und keine Diskussionen. Und werden Sie bitte kein militanter Exraucher! Machen Sie Rauchern lieber Mut, dass sie es auch schaffen können.

Im nächsten Kapitel werden Sie die letzte Zigarette Ihres Lebens rauchen. Wenn Sie sich dabei sicherer fühlen, können Sie das Kapitel gerne am späten Abend lesen. Sie schlafen sich dann gewissermaßen durch den Entzug und beginnen den morgigen Tag schon fast clean und ohne Zigarette. Allerdings ist das gar nicht nötig – Sie können tatsächlich aufhören, wann immer Sie wollen.

Bitte lesen Sie nun noch einmal die Zusammenfassungen der Kapitel 15 bis 32!

## Zusammenfassung

- Nachdem Sie zum letzten Mal eine Zigarette geraucht haben, wird sich Ihr Körper sehr schnell umstellen.
- Sie werden sich schon bald viel besser fühlen.

110 Hier haben Viel-Raucher übrigens einen Vorteil: Sie können das neue Verhalten schneller lernen, denn schon nach kurzer Zeit werden sie fast alle Rauchsituationen ohne Zigaretten erlebt haben.

- Sobald Sie beschließen, nicht mehr zu rauchen, werden Sie ein Nichtraucher sein.
- Schmachtgedanken an Zigaretten gehen genauso schnell weg, wie sie kommen – rauchen Sie einfach nicht mehr!
- Vorsicht bei typischen Raucher-Situationen – rauchen Sie einfach nicht mehr!
- Nur eine einzige Zigarette gibt es nicht – sondern nur eine ganze Kette von Zigaretten.
- Nehmen Sie nie wieder Nikotin zu sich – egal in welcher Form!
- Leben Sie genauso weiter wie bisher und stellen Sie sich den Situationen, in denen Sie früher geraucht hätten – denken Sie dabei einfach nur mit!
- Seien Sie nett zu Rauchern und machen Sie ihnen Mut!

## 34. Jetzt geht's los!

Rauchen Sie? Es wird Zeit, damit aufzuhören. Sie werden nun ohne Hokuspokus, Psychoquatsch oder Medikamente wieder zum Nichtraucher werden. Gut gelaunt, ganz einfach und für immer. Sie werden wieder schön, reich, gesund, sexy, glücklich und frei sein – egal, wie viel und wie lange Sie schon rauchen. Sie schmunzeln? Na klar. Sie haben vorhin auch schon geschmunzelt. Aber da waren Sie noch ein Raucher. Jetzt verstehen Sie, wie das Rauchen funktioniert, und Sie wissen, dass ich es ernst meine: Sie können mit dem Blödsinn einfach aufhören. Freuen Sie sich auf die Wunder vor Ihnen, denn jetzt geht's los!

Falls Sie noch ein wenig Angst haben, vertrauen Sie mir bitte: Sie brauchen keine Zigaretten.[111] In den kommenden Tagen und Wochen werde ich Sie mit diesem Buch noch begleiten und Ihnen ein wenig Hilfestellung geben. Sollten Sie es aber nicht auf Anhieb schaffen, dann machen Sie sich bitte keine Vorwürfe – Sie sind schon längst auf dem richtigen Weg. Im Fall des Falles: Lassen Sie ein paar Tage vergehen, dann lesen Sie das Buch noch einmal durch und unternehmen einen neuen Anlauf.[112] Jeder Raucher kann zum Nichtraucher werden – auch Sie! Aber es wäre sicherlich am einfachsten, die Schlucht mit einem einzigen Satz zu überspringen.

Gleich werden Sie die letzte Zigarette Ihres Lebens rauchen.

111 Die meiste Zeit des Tages verbringen Sie sowieso ohne zu rauchen.

112 Sollte es dann auch nicht klappen, besuchen Sie bitte ein Nichtraucherseminar, einen Psychologen oder einen Arzt. Geben Sie auf keinen Fall auf, es geht hier um Ihr Leben!

Tun Sie das bitte ganz bewusst. Sorgen Sie dafür, dass Sie dabei nicht gestört werden. Sammeln Sie sich und gehen Sie noch einmal die Gründe für Ihre Entscheidung durch.[113] Denken Sie an die selbst gemachte Abhängigkeit und den sinnlosen Teufelskreis aus Anspannung, Zigarette, Entspannung und wieder Anspannung. Sie werden diesen Teufelskreis jetzt durchbrechen. Zünden Sie dann die Zigarette an und konzentrieren Sie sich auf das, was Sie inhalieren: Verbrannte Chemikalien, Papier und Leim. Der Nagellackentferner reizt Ihre Schleimhaut und kratzt Sie im Hals. Sie bekommen vielleicht einen leichten Würgereiz oder müssen husten. Ihr Körper will sich wehren, doch krebserregende Amide und radioaktive Strahlen greifen Ihre Zellen an und betäuben sie mit Kohlenmonoxid. Sie atmen Cadmium, Arsen, Nikotin, Schwefel und Ammoniak ein. Sie haben Angst davor, Ihr ganzes Leben lang weiterrauchen zu müssen. Sie denken an die Zigarettenkranken und -toten, die Sie kennen, und denken an Ihre Familie und Ihre Freunde, die sich Sorgen um Sie machen. Sie werden all das mit einer einzigen Entscheidung aus der Welt schaffen und dann selbst ein gutes Vorbild sein.

Übrigens: Wie hat damals eigentlich Ihre allererste Zigarette geschmeckt? Am Anfang des Buches hatte ich Ihnen einen Zauberspruch versprochen, mit dem Sie sich vor Ihre erste Zigarette zurückzaubern können. Lassen Sie uns nun zaubern: Manche Ex-Raucher behaupten, dass sie auch noch nach Jahren immer wieder mal Schmacht auf Zigaretten haben.[114] Aber was passiert denn, sobald wir nicht mehr rauchen? Unsere Nerven bauen sich um

113 Sie können Ihre persönlichen Gründe auch auf ein Blatt Papier schreiben – das haben Sie dann auch in fünf Jahren noch parat, wenn Sie sich vielleicht gar nicht mehr daran erinnern.

114 Die Willensmonster, denen man zu wenig Aufmerksamkeit schenkt – Sie erinnern sich?

und werden wieder normal – sie brauchen gar kein Nikotin mehr. Stellen Sie sich nun vor, Sie greifen Jahre später wieder zur Zigarette – vielleicht nach dem Essen oder im Urlaub. Wie würde Ihnen diese Zigarette schmecken? Wäre sie so gut wie in Ihrer Erinnerung? Nein. Sie wäre so wie Ihre allererste Zigarette. Abrakadabra!

Wenn Sie wieder clean sind, werden Ihnen die Zigaretten nicht mehr schmecken können. Also warum sollten Sie je wieder rauchen wollen? Viele Ex-Raucher wissen das nicht. Sie denken jahrelang, dass sie etwas versäumen, und werden eines Tages rückfällig. Dann sind sie überrascht, wie grässlich die Zigarette schmeckt, aber haben sich damit wieder eine Dosis Nikotin gespritzt. Und schon bald flüstert die altbekannte Stimme: »Rauch doch eine Zigarette!« Was glauben Sie, wie schnell aus dem glücklichen Ex-Raucher wieder ein unglücklicher Raucher wird? Sie brauchen nichts durchzuhalten oder auf irgendetwas zu verzichten. Es tut nicht weh, und mit jedem Tag ohne Zigaretten wird der Schritt zurück größer.

Sie wissen jetzt, wie Sie wieder zum Nichtraucher werden können. Ergreifen Sie Ihre Chance! Glauben Sie an Ihre Kraft und überwinden Sie Ihre Angst – der Schritt ist viel kleiner, als Sie denken, und er wird Sie sehr weit bringen. Nehmen Sie Anlauf und springen Sie über die Schlucht. Legen Sie nun das Buch zur Seite und rauchen Sie zum letzten Mal in Ihrem Leben eine Zigarette.

Rauchen Sie jetzt![115]

115 Sie müssen natürlich keine Zigarette rauchen, wenn Sie nicht wollen.

Herzlichen Glückwunsch! Der Wildschweinwolf ist jetzt unterwegs in eine andere Welt, und Sie haben soeben ein neues Leben begonnen. Seien Sie stolz auf sich und feiern Sie Ihre Entscheidung. Werfen Sie jetzt bitte Zigaretten und Feuerzeug weg und misten Sie sämtliche Zigarettenverstecke aus: Ihr Handschuhfach, die Küchenschublade und den Nachttisch. Je klarer Sie sich von den Zigaretten trennen, desto leichter wird es werden. Und dann lüften Sie Ihre Wohnung. Lassen Sie frische, klare Luft in Ihr Leben strömen und vertreiben Sie die Giftwolken für immer!

Ach ja, die Schwarzwälder Kirschtorte: Bestreichen Sie den Mürbeteigboden mit der Sahne und drücken Sie ein paar Sauerkirschen in die Sahneschicht. Dann legen Sie den ersten Schokoladenbiskuitboden darüber und beträufeln ihn mit Kirschwasser. Nun verteilen Sie wieder Sahne und Sauerkirschen und legen darauf dann den zweiten Schokoladenbiskuitboden. Jetzt streichen Sie die Sahne auf die gesamte Tortenoberfläche, setzen die 16 Cocktailkirschen auf je einen Extraklacks und streuen darüber die Schokoladenraspeln. Fertig.

Vielen Dank für Ihre Zeit und Ihre Aufmerksamkeit. Wenn Sie möchten, nehmen Sie das Buch in genau 24 Stunden wieder zur Hand und lesen Sie weiter. Aber Sie müssen es nicht. Wenn Sie sich sicher genug fühlen, probieren Sie es ohne meine weitere Begleitung. Vielleicht schmökern Sie mal in den Zusammenfassungen? Damit können Sie die wichtigsten Gedanken immer wieder auffrischen.

Grüßen Sie Ihren inneren Schweinehund von mir und haben Sie ein langes, gesundes und glückliches Leben. Ich wünsche Ihnen bei allen neuen Erfahrungen viel Spaß und Erfolg, und atmen Sie für immer frische Luft!

## Zusammenfassung

- Sie haben verstanden, wie das Rauchen funktioniert.
- Jeder Raucher kann wieder zum Nichtraucher werden.
- Zigaretten bestehen aus Gift.
- Sie haben die Chance ergriffen, sich von dem Gift zu befreien.
- Sie haben das Gift heute zum letzten Mal eingeatmet.
- Sie haben ein neues Leben begonnen.
- Seien Sie stolz auf sich!

## 24 Stunden Luft

Und? Wie geht es Ihnen? Ich hoffe, Sie haben in den letzten 24 Stunden keine Zigarette geraucht? Herzlichen Glückwunsch! Grinsen Sie so breit Sie können, knutschen Sie Ihre Katze und machen Sie die Becker-Faust. Sie haben jetzt schon einen ganzen Tag frische Luft hinter sich – Sie können stolz auf sich sein.

Ach, so schwer war das gar nicht? Es hat Sie vielleicht nur ein paar Mal gezwickt,[116] aber im Großen und Ganzen ging es problemlos? Umso besser. Dann können wir ja gleich zu den Fakten übergehen: Ihr Nikotinspiegel beträgt schon jetzt nur noch etwa ein Viertel von gestern, und Ihre Nerven reparieren mit Volldampf die eingerosteten Oberflächenknöpfe. Ihr Herzinfarktrisiko ist schon um die Hälfte gesunken, und die Riechzellen in Ihrer Nase erwachen langsam aus ihrem langen Schlaf. In Ihrer Lunge bereiten sich kleine Helfer darauf vor, die giftige Schlacke wegzuschaufeln, und Ihre geschundenen Blutkörperchen freuen sich über den vielen Sauerstoff. Was wird wohl in den nächsten Tagen alles passieren?

Falls Sie sich noch ein wenig wacklig fühlen: Keine Sorge, das geht bald vorbei. Viele Dinge sind zunächst schwierig, bevor sie einfach werden. Denn immer, wenn wir etwas Neues lernen, baut unser Gehirn neue Nervenverbindungen auf. Und je öfter wir das Neue wiederholen, desto leichter fällt es uns. Auch als Sie damals das Autofahren gelernt haben, ging das nicht von heute auf

116 Falls Sie ein wenig unruhig geschlafen haben, machen Sie sich keine Sorgen. Wenn in unserem Leben etwas so Spannendes passiert, dürfen wir schon mal unruhig schlafen!

morgen. Wissen Sie noch, wie schwierig es war, die Kupplung zu bedienen? Sie mussten sich konzentrieren und üben: Immer wieder Kupplung treten, Gang wechseln, Kupplung kommen lassen und Gas geben. Müssen Sie sich dabei jetzt immer noch konzentrieren? Sehen Sie! Also üben Sie einfach Ihr normales Leben ein, ohne dabei giftige Abgase zu inhalieren. Und Sie wissen ja: Neue Gewohnheiten sind erst Spinnweben, dann Drahtseile.

Oder haben Sie etwa geraucht? Schade. Sie bringen sich damit um all die schönen Erfahrungen, die Ihr neues Leben für Sie bereithält. Was ist denn passiert, dass Sie wieder geraucht haben? Hatten Sie etwa Schmacht auf Zigaretten? Dann sind Sie wieder auf den Wildschweinwolf hereingefallen. Dabei ist er nur ein Gedanke, der ein Gefühl auslöst. Er geht von selbst wieder weg und kann Ihnen gar nichts tun. Erinnern Sie sich an den Hund am Esstisch: Er lässt Sie erst dann in Ruhe, wenn Sie ihn nicht mehr füttern.

Hatten Sie vielleicht Angst ohne Zigaretten? Oder haben Sie sich seltsam gefühlt? Die Zigaretten beseitigen dieses Gefühl nicht, sondern sie rufen es hervor. Damit Sie es endlich loswerden können, müssen Sie das Nikotin abbauen. Erst wenn Sie wieder nüchtern sind, werden Sie merken, dass Sie betrunken waren. Werden Sie also wieder nüchtern!

Oder hatten Sie Angst, dass Sie ohne Zigaretten kein normales Leben mehr führen können? Irrtum. Natürlich können Sie ohne Zigaretten leben wie Tausende andere Ex-Raucher auch! Aber Sie werden es nicht erfahren, wenn Sie es nicht ausprobieren. Stellen Sie sich einen guten Schwimmer vor, der sich nicht traut, den Beckenrand loszulassen. Kann er nun schwimmen oder kann er nicht schwimmen? Natürlich kann er schwimmen. Nur wird er es leider nicht erfahren, solange er es nicht ausprobiert. Bitte vertrauen Sie mir, Sie brauchen keine Zigaretten.

Falls Sie wieder geraucht haben, haben Sie zwei Möglichkeiten: Entweder lesen Sie noch einmal die Kapitel 32 bis 34 und hören dann wirklich mit dem Rauchen auf. Oder aber Sie brechen Ihren Versuch jetzt ab, legen das Buch zwei Wochen beiseite und lassen alle neuen Gedanken ein bisschen sacken. Und dann lesen Sie das Buch noch einmal durch und unternehmen einen ganz neuen Anlauf.

Für alle Erfolgreichen: Wiederholen Sie noch einmal die Zusammenfassungen der Kapitel 1 bis 6 und lesen Sie in zwei Tagen weiter.

Und jetzt wieder viel Spaß und Erfolg bei allen neuen Erfahrungen!

# Drei Tage Luft

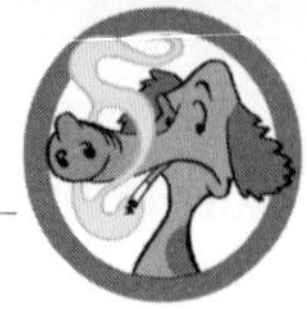

Und? Schon drei Tage nicht geraucht? Herzlichen Glückwunsch! Stoßen Sie wildes Triumphgeheul aus, machen Sie einen Purzelbaum und tanzen Sie auf der Straße einen Mambo – Sie sind genau auf dem richtigen Weg!

Drei ganze Tage Luft. Da ist wieder so einiges passiert: Ihr Nikotinspiegel ist schon auf etwa ein Sechzehntel des Ursprungspegels gesunken, und Ihre Nerven haben ganze Arbeit geleistet – viele Oberflächenknöpfe sind wieder frei beweglich, und das Loch in Ihrer Brust ist verschwunden.[117] Ihr Herz denkt zum ersten Mal über ein langes Leben nach, und Ihre Nase kann schon besser riechen. Die Reparaturarbeiten in Ihrer Lunge sind in vollem Gange, und die Dauerentzündung hat nachgelassen. Sie spüren jetzt, dass sich etwas verändert, aber Sie wissen vielleicht noch nicht genau, wie Sie diese Veränderung einschätzen sollen. Keine Sorge: Sie werden gerade eine Krankheit los, an der jeder Vierte stirbt, und es tut noch nicht einmal weh. Sie müssen dafür auch keine Medikamente einnehmen – Sie lassen nur den Chemiedreck weg, den Sie sowieso nicht brauchen.

Was hätte wohl der Kapitän der Titanic gemacht, wenn er rechtzeitig gewusst hätte, dass er auf einen riesigen Eisberg zusteuert? Er hätte das Steuer herumgerissen und den Kurs seines

117 Sehr, sehr selten kann man sich als frisch gebackener Ex-Raucher vorübergehend müde oder schlapp fühlen. Das kommt daher, dass Sie sich mit dem Nikotin andauernd künstlich gepusht haben. Lassen Sie ein paar Tage vergehen, das Gefühl geht von selbst weg. Und danach werden Sie eine ruhige, innere Kraft spüren, die nichts mehr mit der Nikotin-Nervosität zu tun hat.

Schiffes verändert. Sie haben vor drei Tagen Ihren persönlichen Kurs um ein paar Grad gedreht. Es dauert ein wenig, bis das Schiff ganz in die neue Richtung fährt, und vielleicht spüren Sie die Kurve noch nicht so sehr – Sie fahren schließlich auf dem offenen Meer. Aber trotzdem reicht diese kleine Kurskorrektur schon aus, um am Eisberg vorbeizufahren. Vielleicht steuern Sie ja jetzt auf Ihre Südseeinsel zu?

Hoffentlich leben Sie ganz normal weiter und vermeiden keine Situationen, in denen Sie früher geraucht hätten. Am besten geht man Bimmel-Sabber-Situationen direkt an. Denken Sie positiv und haben Sie Mut – der Rest ist *Learning by Doing.* Meine erste Bimmel-Sabber-Krise hatte ich, als ich beim Schnitzelessen und Biertrinken war. Der Wildschweinwolf wollte mir erzählen, dass er mich nie wieder in Ruhe lässt, wenn ich ihm jetzt kein Nikotin gebe. Nur für einen kurzen Moment habe ich damals an meinem Entschluss gezweifelt. Und schon hatte ich wieder das bekannte Verlangen in meiner Brust. Dann bin ich vors Haus getreten, habe ein paar Mal frische Luft eingeatmet und mich dann wieder dazu entschieden, keine Zigarette zu rauchen. Und ganz plötzlich war der Wildschweinwolf wieder weg. Lassen Sie sich also nicht hinters Licht führen, Bimmel-Sabber-Reflexe sind nur Gedanken. Sie können Ihnen nichts tun, wenn Sie nicht darauf achten. Sobald Sie aber Ihre innere Videokamera auf den Wildscheinwolf richten, wird er sehr groß erscheinen, und Sie erfahren nur, was Sie ohnehin schon wissen: Er ist ein hässliches Borstenmonster, das ziemlich unangenehm riecht und Sie vergiften will. Ihr Leben hat Schöneres zu bieten.

Manchmal kann es einen ja auch sehr motivieren, sich in schwierige Situationen zu begeben. Als ich zum ersten Mal wieder in der Klinik auf den Raucherbalkon gegangen bin, haben alle erwartet, dass ich mitrauche. Dabei wollte ich nur mal zusehen, wie die Süchtigen ihren Pegel auffüllen müssen. Und als ich stolz verkündete, dass ich nicht mehr rauche, haben sie alle herzhaft gelacht und mir einen schnellen Rückfall prophezeit. Aber Sie wissen ja: Mit Arroganz macht man seine Gegner nur stark. Was glauben Sie, mit welcher Ruhe und Gelassenheit ich nun jeden Tag auf den Rauchbalkon gegangen bin! Und schon sehr bald wurden viele meiner spöttischen Kollegen immer nachdenklicher.

Wenn Sie übrigens immer noch rauchen, sollten Sie das Buch jetzt wirklich beiseite legen und erst mal zwei, drei Wochen über alles nachdenken. Dann fangen Sie noch einmal von vorne zu lesen an. Aber bitte lassen Sie sich nicht entmutigen, Sie werden es genauso schaffen wie alle anderen auch. Aber jetzt legen Sie das Buch zunächst bitte weg.

Für alle erfolgreichen Nichtraucher: Wiederholen Sie noch einmal die Zusammenfassungen der Kapitel 7 bis 14 und lesen Sie nun erst in vier Tagen weiter. Dann werden Sie schon eine ganze Woche Luft erlebt haben.

Und jetzt mit Volldampf in Richtung Südseeinsel!

# Eine Woche Luft

Und? Eine ganze Woche nicht geraucht? Herzlichen Glückwunsch! Laden Sie Ihre liebsten Menschen zum Essen ein, erfüllen Sie sich einen geheimen Wunsch, und wenn Sie gläubig sind, dann danken Sie Gott[118] – denn in Ihrem Leben passiert gerade etwas wirklich Großes: Sie befreien sich von der schlimmsten Sucht, die es auf unserem schönen Planeten gibt.

Ihr Nikotinspiegel liegt jetzt etwa bei einem Zweihundertsechsundfünfzigstel Ihres früheren Pegels, und Ihre Nerven haben sich weiterhin fleißig selbst repariert. Schon jetzt fühlen Sie sich ruhiger und ausgeglichener. Und Sie spüren eine tiefe Kraft in sich schlummern, die Sie seit Jahren vergessen hatten. Sie können jetzt deutlich besser riechen und schmecken und entwickeln eine vage Vorstellung davon, um wie viel reicher die kommenden Jahre für Sie sein werden. Ihre bronchitische Lungenschleimhaut konnte prima abschwellen, und vielleicht husten Sie schon gar nicht mehr.[119] Ihr Blut bekommt immer mehr Sauerstoff und rauscht wieder flüssig durch die engsten Kapillaren. Ihre Gesichtsfarbe bekommt eine ungewohnt frische Note, und Ihr Herzmuskel freut sich über erste Belastungsproben. Und dabei wird es noch besser!

Mittlerweile werden Sie auch festgestellt haben, dass Raucher immer von einer übel riechenden Miefwolke umgeben sind. Sie dagegen stinken jetzt nicht mehr. Aber wenn Sie an Ihrem Klei-

118 Oder an wen immer Sie glauben.

119 Falls Sie übrigens jetzt erst das Husten angefangen haben, ist das auch ein gutes Zeichen: Ihre bisher gelähmten Flimmerhärchen haben ihre Arbeit wieder aufgenommen und schaffen fleißig den ganzen Dreck nach draußen.

derschrank schnuppern, merken Sie schnell: Da drin riecht es immer noch ziemlich streng. Also ergreifen Sie am besten die Gelegenheit und waschen mal Ihre ganze Wäsche durch – ein frisch duftender Kleiderschrank ist eine tolle Sache. Und wo Sie schon mal dabei sind: Putzen Sie doch mal Ihre Ex-Raucher-Wohnung durch. Auch das Innere Ihres Autos könnte eine Grundreinigung sicher gut gebrauchen. Entfernen Sie alle giftigen Nikotinreste und lassen Sie Ihr Hab und Gut an Ihrem Glück teilhaben.

Einige besonders Mutige kommen ja nach einer Woche auf die gefährliche Idee, mal testweise an einer Zigarette zu ziehen. Sie wollen herausfinden, was sie jahrelang an den Dingern gefunden haben – wo es doch so einfach ist, auf sie zu verzichten. Tun Sie das nicht! Sie würden ohnehin nur feststellen, dass die Zigarette wieder viel zu stark ist: Ihnen würde schwindlig und schlecht werden, und Sie hätten die ganzen tollen Entwicklungen ruiniert, die Ihr Körper in der Zwischenzeit geleistet hat. Ihr Nikotinspiegel wäre wieder auf dem Ursprungsniveau, und Ihre Nerven wüssten überhaupt nicht mehr, was los ist. Und obwohl Sie sich dann sicher wieder vornehmen, keine Zigarette mehr zu rauchen, würden Sie vielleicht doch bald wieder die bekannte innere Stimme hören: »Rauch eine Zigarette!« Vielleicht würden Sie dann einfach weiterrauchen, weil Sie sich einreden, dass Sie jetzt wüssten, wie man mit dem Rauchen aufhört. Und nach ein paar Jahren stünden Sie vor genau der gleichen Situation wie jetzt. Nur wegen eines einzigen Zuges.

Übrigens: Fühlen Sie sich nicht auch schon im Alltag viel sicherer? Sie haben mittlerweile einen Punkt erreicht, an dem Sie sich keine Gedanken mehr darüber machen müssen, wie man alltägliche Situationen ohne Zigarette übersteht. Sie wissen jetzt: Es geht problemlos! Aber vor einer Woche war das noch ganz anders. Da hatten Sie noch Bammel vor dem ersten Kaffee am Morgen oder dem ersten Stress bei der Arbeit. Und Sie werden in allem noch viel sicherer werden. Schon bald werden Sie wissen, dass Sie nie wieder eine Zigarette brauchen.

Oder sind Sie etwa schon rückfällig geworden? In diesem Fall sollten Sie sich entscheiden, wie Sie weitermachen wollen. Wenn Sie nicht ausschließen können, dass Sie wieder zur Zigarette greifen, lesen Sie das Buch am besten noch einmal von vorne. Wenn Sie aber sicher sind, dass Sie nicht mehr rauchen werden, dann lesen Sie wenigstens noch einmal alle Zusammenfassungen und wiederholen vor allem das Kapitel 32: »Schicksal oder Entscheidung?«

Für alle erfolgreichen Nichtraucher: Wiederholen Sie noch einmal die Zusammenfassungen der Kapitel 15 bis 25 und lesen Sie in genau einer Woche weiter. Dann werden Sie schon zwei Wochen Luft erlebt haben.

Und jetzt viel Erfolg in Ihrer zweiten Woche als Nichtraucher!

## Zwei Wochen Luft

Willkommen zurück! Und? Wie geht es Ihnen? Ich hoffe, Sie haben nicht geraucht? Nein? Meinen herzlichsten Ober-Glückwunsch – Sie sind eine Wucht! Wissen Sie eigentlich, dass Sie schon jetzt jede Statistik sprengen? Die meisten Rauchaufhörer kriegen innerhalb der ersten paar Tage Muffensausen und grapschen wieder nach den Giftstäbchen.[120] Dann hängen sie jammernd in den Seilen und schieben die Schuld auf widrige Umstände. Aber Sie haben die Kurve schon fast ganz gekriegt! Also lassen Sie schon mal die Sektkorken knallen, ballern Sie mit Silvesterkrachern und feiern Sie die wildeste Party seit Ihrem Schulabschluss – Sie werden noch hundert Jahre alt!

Rein rechnerisch liegt Ihr Nikotinspiegel nun so niedrig, dass Sie sich getrost als clean bezeichnen dürfen. Und auch Ihre Nerven haben die Arbeit zum größten Teil erledigt: Sie fühlen sich jetzt auch ohne Gift wieder normal[121] – nämlich gesund, gut und selbstsicher, und die Nervosität von früher ist einfach verschwunden. Vielleicht ist ja sogar Ihr Raucherhusten weg,[122] und Ihre Lungenflügel sind schon wieder fast jungfräulich? Sie können Ihrem frischen Blut jetzt wieder lustig Luft zufächern. Ihre Haut hat einen noch frischeren Teint bekommen, und sogar die ersten Falten wirken schon glatter. Und auch Ihre Augen strahlen klarer und

120 Natürlich haben die nicht dieses Buch gelesen.

121 Falls Sie sich vor ein paar Tagen noch schlapp gefühlt haben, geht es Ihnen jetzt schon deutlich besser, nicht wahr?

122 Falls er noch nicht ganz weg ist, warten Sie noch ein, zwei Wochen. Aber er ist doch bestimmt schon viel besser?

jünger. Man sieht Ihnen an, dass Sie immer gesünder werden. Ihr Herzmuskel fühlt sich sogar schon zwanzig Jahre jünger, und Sie spüren, wie er das warme, nährstoffreiche Blut durch Ihren ganzen Körper pumpt. Es geht Ihnen einfach gut.

Ist es nicht unglaublich, wie schnell die Zeit vergangen ist? Sie können wahnsinnig stolz auf sich sein: Sie haben die Gelegenheit beim Schopfe gepackt! Wie viele Jahre hätten Sie sonst wohl noch weitergeraucht? Wahrscheinlich werden Sie sich jetzt auch in anderen Lebensbereichen Dinge zutrauen, die Sie seit Jahren vor sich herschieben. Wer weiß, welche Kräfte Sie noch freisetzen können? Vielleicht war diese vermeintlich kleine Entscheidung, zum Nichtraucher zu werden, das Beste, was Ihnen seit langem passiert ist?

Einen Moment: Haben Sie sich schon einmal auf die Waage gestellt? Das sollten Sie jetzt tun. Wenn Sie mit Ihrem Gewicht nicht zufrieden sind, dann ist jetzt der richtige Zeitpunkt, um einer falschen Entwicklung entgegenzusteuern. Wenn Sie zugenommen haben, dann denken Sie bitte die nächsten Wochen beim Essen mit. Zur Not schreiben Sie bitte genau auf, was Sie essen. Und schnüren Sie ab und zu Ihre Sportschuhe.

Oder haben Sie etwa geraucht? Ich nehme an, es ist Ihnen klar, dass Sie das nicht weiterbringt. Und ich vermute, dass es Ihnen danach nicht besonders gut gegangen ist. Haben Sie vielleicht darauf gewartet, dass Sie die Entzugsphase durchhalten müssen, und danach die Tage gezählt, die Sie schon auf Ihre Zigaretten verzichtet haben? Dann haben Sie Ihrem Wildschweinwolf ja ordentlich Appetit gemacht. Dabei gibt es gar nichts durchzuhalten, denn Sie müssen ja auf nichts verzichten! Anstatt der giftigen Zigarettenfesseln bekommen Sie schließlich wieder Freiheit, Gesundheit und Stolz. Oder sitzt vielleicht die Werbegehirnwäsche noch zu tief? Hat Ihnen vielleicht ein Raucher das Märchen von Genuss, Geschmack und Abenteuer aufgetischt, und Sie haben es geglaubt?

Lesen Sie doch einfach noch einmal alle Zusammenfassungen durch. Aber lassen Sie sich auf keinen Fall entmutigen.

Nach Misserfolgen versuchen wir oft, neuen Schmerz zu verhindern. Dann trauen wir uns keine neuen Versuche zu und lernen dabei, dass wir nichts verändern können. So etwas nennt man erlernte Hilflosigkeit. Aber Versagen gibt es überhaupt nicht. Aus Fehlschlägen können wir nämlich lernen, wie man etwas nicht macht. Und das ist doch auch schon ein Erfolg, oder? Auch Sie werden zum Nichtraucher werden!

Für alle schon erfolgreichen Nichtraucher: Wiederholen Sie noch einmal die Zusammenfassungen der Kapitel 25 bis 34 und lesen Sie in genau zwei Wochen weiter. Dann werden Sie sogar schon vier ganze Luftwochen erlebt haben.

Und jetzt alles Gute für Ihre nächsten zwei Wochen als Nichtraucher!

# Ein ganzer Monat Luft

Herzlich willkommen in Ihrem Nichtraucherbuch! Heute ist ein besonderer Tag. Denn heute vor einem Monat haben Sie zum letzten Mal eine Zigarette geraucht. Vor einem Monat haben Sie mit einer einzigen Entscheidung Ihr ganzes Leben verbessert. Sie hatten vielleicht am Anfang ein etwas mulmiges Gefühl, aber dann war alles viel leichter, als Sie es sich vorgestellt hatten. Wie viele Jahre waren Sie Raucher? Und wie lange hatten Sie Angst davor aufzuhören? Und jetzt haben Sie schon einen ganzen Monat nicht mehr geraucht! Sie können sehr stolz auf sich sein. Sie haben sich selbst und Ihren wichtigsten Menschen ein unschätzbar wertvolles Geschenk gemacht. Bitte nehmen Sie sich hin und wieder kurz die Zeit, über das nachzudenken, was Sie da geschafft haben. Bitte genießen Sie Ihren Erfolg in vollen Zügen! Vielleicht hat Ihnen diese Entscheidung Ihr Leben gerettet?

Fassen wir noch einmal kurz zusammen: Rauchen ist die sinnloseste Sucht unserer Zeit. Kein Mensch braucht Zigaretten, bevor er sich mühsam süchtig geraucht hat und nachdem er die Sucht wieder losgeworden ist. In jungen Jahren haben wir uns einreden lassen, dass uns Zigaretten entspannen, schick sind und bei Problemen helfen. Dann haben wir so lange geübt, bis wir endlich nikotinsüchtig wurden. Nun haben wir jahrelang täglich unseren Schuss gebraucht, weil unsere Nerven immer wieder nach Nikotin gerufen haben, sobald unser Körper das Gift wieder ein bisschen abbauen konnte. Dabei haben wir andauernd eine künstliche Anspannung erzeugt, die wir nur mit den Zigaretten wieder auflösen konnten. Bei dieser Kettenreaktion haben wir uns über viele Jahre systematisch vergiftet. Und dabei wollten wir uns eigentlich nur so fühlen, wie sich ein Nichtraucher immer fühlen kann. Währenddessen haben wir auch noch Zigtausende Euro verbrannt und kamen uns wie inkonsequente Schwächlinge vor.

Doch vor einem Monat konnten Sie sich aus dieser Falle befreien. Sie haben das Steuer Ihres Lebens herumgerissen und fahren mit Ihrem Schiff nun am Eisberg vorbei. Mittlerweile können Sie ihn auch sehen: ein riesiger, tödlicher Brocken mitten im Meer. Sie fahren zwar in sicherer Entfernung, aber trotzdem läuft Ihnen ein Schauer über den Rücken. Er ist von einer giftigen Wolke umgeben und verströmt einen unerträglichen Gestank. Sie sehen Schiffe, die trotz verzweifelter Wendemanöver direkt auf ihn zusteuern und an ihm zerschellen werden. Durch die radioaktiven Rauchschwaden hören Sie die grausamen Schreie der Opfer, und Sie hören die Stimmen von lauter fiesen Wildschweinwölfen: »Nikotin! Gib mir Nikotin!« Dann fallen Ihnen all die Bergungsschiffe und Rettungshubschrauber auf, die den Ertrinkenden zu Hilfe eilen wollen. Ab und zu gelingt es einem Bergungsschiff sogar, ein schwer beschädigtes Wrack mühsam aus der Wolke herauszuschleppen. Dann sehen Sie, wie die Mannschaft des geretteten Schiffes immer noch wie hypnotisiert in die Wolke zurückstarrt. »Nikotin! Gib mir Nikotin!« Sie schütteln schaudernd den Kopf und fragen sich, ob es nicht sinnvoller wäre, all die Schiffe einfach am Eisberg vorbeizulotsen. Während Sie noch darüber nachdenken, erkennen Sie am Horizont schon Ihre Südseeinsel. Günter,[123] Ihr innerer Schweinehund freut sich schon auf ein wunderschönes Leben am Strand. Und Sie freuen sich darüber, dass Sie noch am Leben sind.

Es geht Ihnen prächtig. Sie fühlen sich kerngesund und stark. Sie sind ruhig, glücklich und ausgeglichen. Sie strotzen vor Stolz und Selbstbewusstsein. Sie genießen jeden Tag die frische Luft und

123 Oder Paula.

haben keinen Husten mehr. Sie riechen und schmecken intensiver und genießen wieder jeden Tag Ihres Lebens. Ihr Herz pumpt das wertvolle Blut bis zur kleinsten Körperzelle. Und wo sich bereits Engstellen in den Adern gebildet hatten, baut Ihr Körper nun kleine Umgehungsschläuche, damit Sie nie wieder unter Sauerstoffmangel leiden müssen. Ihre Haut ist jünger und frischer, Ihre Zähne sind schon weißer, und Ihre Augen strahlen in fast jugendlichem Glanz. Ihr Körper hat nun auch angefangen, all die potenziellen Krebszellen abzubauen, die vielleicht gewachsen wären. Keine Frage: Sie können jetzt lange, lange, lange leben!

Leider gibt es weltweit immer noch Millionen Menschen, die Sklaven der Zigarettensucht sind, dafür Milliarden an eine menschenverachtende Industrie bezahlen und an schrecklichen Krankheiten sterben werden oder bereits sterben. Helfen Sie deshalb mit, die Gedanken dieses Buches zu verbreiten. Helfen Sie mit, diesen sinnlosen Skandal aufzudecken und allen Betroffenen wieder eine Chance zu verschaffen, sich aus den Klauen ihrer Sucht zu befreien.

Wir Menschen sollten nur eines einatmen: Luft!

# Lesetipps


Stefan Back: Der sichere Weg zum Nichtraucher. Ohne Hilfsmittel, ohne Entzugserscheinungen, ohne Gewichtszunahme. Gelnhausen, 2000

*Ein solides Nichtraucherbuch. Klar und logisch.*

Allen Carr: Endlich Nichtraucher. Der einfachste Weg, mit dem Rauchen Schluss zu machen. München, 1992

*Der Klassiker. Immer wieder lesenswert.*

Stefan Frädrich: Günter, der innere Schweinehund. Ein tierisches Motivationsbuch. Offenbach, 2004

*Günter pfuscht uns auch in anderen Lebensbereichen ins Handwerk. Hier erfahren Sie, wie wir ihn in den Griff bekommen.*

Jonathan Franzen: »Lesen in der Asche«. In: Anleitung zum Einsamsein. Reinbek bei Hamburg, 2002

*Eine kurze, unterhaltsame Kulturgeschichte des Rauchens.*

Jan Geurtz: Aufatmen! In nur einem Tag endgültig zum Nichtraucher. München, 2002

*Ein sehr gutes Nichtraucherbuch. Detaillierte Erklärungen, gute Psychologie.*

Knut-Olaf Haustein: Tabakabhängigkeit. Gesundheitliche Schäden durch das Rauchen. Köln, 2001

*Eine wissenschaftliche Zusammenstellung der wichtigsten Fakten übers Rauchen.*

Vera Kaltwasser: Der sanfte Weg zum Nicht-Rauchen. Erfolg ohne zu kämpfen. Freiburg, 2002

*Ganzheitliche Herangehensweise. Mit Meditationsübungen und Autosuggestionen.*

Werner Tiki Küstenmacher: Simplify your life. Einfacher und glücklicher leben. Frankfurt/New York, 2001

*Wenn Sie in Ihrem Leben mal richtig aufräumen wollen – hier die passende Anleitung.*

Arnold & Clifford Lazarus: Der kleine Taschentherapeut. In 60 Sekunden wieder okay. Stuttgart, 1999

*Ein sehr guter Ratgeber für die meisten Psychoprobleme – purer gesunder Menschenverstand.*

Peter Lindinger: Lust und Last des Rauchens. Frankfurt, 2004

*Mit Herz geschrieben, zugleich nüchtern. Amüsant zu lesen.*

Marco von Münchhausen: So zähmen Sie Ihren inneren Schweinehund! Vom ärgsten Feind zum besten Freund. Frankfurt, 2002

*Für alle, die noch mehr über ihren inneren Schweinehund erfahren wollen.*

Anthony Robbins: Das Prinzip des geistigen Erfolgs. Der Schlüssel zum Power-Programm. München, 1997

*Die wichtigsten Gedanken eines großen Motivationszauberers.*

Alexander von Schönburg: Der fröhliche Nichtraucher. Wie man gut gelaunt mit dem Rauchen aufhört. Reinbek bei Hamburg, 2003

*Originelle Gedanken und Struktur. Knapp und unterhaltsam.*

Klaus Weilers-Croissant: Anstiftung zum Nichtrauchen. Zündende Ideen, die Ihnen helfen. Biekelsheim, 2001

*Ein informativer Überblick. Wissenschaftlich und dabei leicht zu lesen.*

Meike Rensch-Bergner

# Das Uschi-Prinzip

## Von allem nur das Beste

### Von den schlimmen Frauen lernen

Uschis gelingt es scheinbar mühelos, die Männer nach ihrer Pfeife tanzen zu lassen. Uschis wissen, was Männer wollen – und was sie selber wollen. Uschis machen es sich leicht und haben Erfolg damit. Kurz: Keine intelligente Frau würde sich so verhalten, wie eine Uschi es tut. Und genau das ist ein Fehler.

Meike Rensch-Bergner hatte irgendwann das Single-Dasein satt und keine Lust mehr, die Getränkekästen selbst zu schleppen. Deshalb beschloss sie: Ich will es lernen. Ich will glamourös und glücklich sein – ich werde eine Uschi! Und so schildert sie in diesem wunderbaren Buch ungeschminkt, Episode für Episode, wie das geht – und wie sie als strahlende Uschi ihrem Leben eine überraschende Wende gab.

Knaur Taschenbuch Verlag

Simone Falk/Karin Pittermann

# Unbeschreiblich weiblich

## Warum Frauen ohne Handtasche an Phantomschmerzen leiden

**Was wir schon immer über Frauen wussten – aber nie verstanden haben ...**

Sündhaft teure Kosmetik, aberwitzige Frisurenexperimente, Toilettengänge im Doppel. Und nicht zu vergessen: der ewige Kampf mit der Figur – zwischen Dauer-Diäten, Frustfressen und dem Stochern auf fremden Tellern. Frauen sind rätselhafte Wesen, das wissen sie selbst nur zu gut.

Auf humorvoll-ironische Weise widmen sich Simone Falk und Karin Pittermann den seltsamen Ritualen der Frauen. Sie klären auf, wo Aufklärungsbedarf besteht, und machen Mut, die vermeintliche Mackenplage als das zu nehmen, was sie ist: wunderbar weiblich.

Knaur Taschenbuch Verlag